あいまいな世界で
よりよい判断をする
ための社会心理学

「答えを急がない」ほうがうまくいく

大阪大学大学院
人間科学研究科 教授
三浦麻子

日経BP

はじめに

あなたは、答えを急いでしまったがために失敗した経験はないだろうか。取引先との交渉、友人や家族とのちょっとしたもめごと。早く結論が出したくて、物事をあいまいなままにしておくことに耐えられなかった経験だ。

この本が完成する直前、タイトル案をめぐって編集者とライターのふたりがメールで激しい論戦を繰り広げていた。「これは大変！　私も議論に加わらなくては……」と思って、せっせと返信を書いて送信したら、入れ替わりで受信メールの到着の知らせ。ふたりのやりとりは、すでに2往復している。

これまでそんなに意見が食い違ったことがないふたりなのに、どういうことだと驚きながらメールを眺める。一見、主張を戦わせているようだが、よくよく読めば、ふたりの考えの方向性はよく似ており、結論は同じところに着地しているように見える。もはや、何が論点になっているのかよく分からない。それなのに、なぜか対立しているのである。

私は短いメールを投げる。

――待って、とりあえず、落ち着こう。話が不必要に循環してるから。

ハッと我に返った（であろう）ふたりは、その後、無事、意見を一致させて次の議論に進むことができた。

なぜ、このふたりを最初に登場させたかというと、彼女たちはこの本の制作に熱心に携わっていて、私の話を何度も聞き、答えを急がないほうがうまくいくということを飽きるほどインプットされたはずの人たちだからだ。

急がないほうがうまくいくという考えに同意し、納得し、私の解説を理解し、分かりやすく文章にして、編集をしてくれた――そんなふたりですら、やっぱり、答えを急いでしまう罠から逃れられない。そのことを、伝えたかったのである。

ちなみに原因ははっきりしている。ふたりが思わずそうしてしまう状況があったからだ。編集者氏は別の本の校了直前で大忙し。ライター氏もまた締切に追われ、しかも外出中だった。いつもは冷静なふたりだが、そういった認知資源が枯渇した状況（認知資源については、序章で解説する）では、答えを急いでしまったのである。

この本が扱う「答えを急がない」というのは、のんびりいこうとか、結論を先延ばしにしようとか、そういう心構えや精神論のことではない。もっと短い時間の話だ。瞬間的に、ほとんど無意識に湧き起こる「答えを急ぎたい」という衝動のようなものと、どう付き合っていくかという話をしたいと考えている。

前述したふたりのように、答えを急がないほうがうまくいくと頭では分かっていても、ある状況下では、それを止められないことがある。しかも、その時の話題は「答えを急がないほうがうまくいく」という言葉をタイトルに冠するかどうかだったのだ。それなのに答えを急いでしまうのだから、この問題は本当に根深い。

答えが必要な場面は、ありとあらゆるところに転がっている。ビジネスの現場では特に多いだろう。会社の利益を左右する大きな決断だけではない。クライアントにプレゼンをしたり、同僚と協力したり、マーケティングのための情報を取捨選択したりなど、1日を思い返せば数えるのが嫌になるほど、大小さまざまな決断をしているはずだ。

さらに、家族や友人との付き合いや自分の健康などのプライベート面でも、私たちはしょっちゅう決断をし続けている。

つまり、答えを急がないほうがうまくいく場面は、日々のありとあらゆるところにある。どんなふうにうまくいくのかは状況次第だが、少なくとも、答えを急がないほうが、自分が望むほうへ少しでも近づくことができると思う。

答えを急がないためには、どうすればよいだろうか。もっと踏み込んで言うと、答えがまだ見つかっていないあいまいな状態に、私たちはどうやって耐えればよいだろうか。この問いに対して、社会心理学という学問が役に立つことがあるのではないか、と思ったことが、本書を執筆するきっかけとなった。

そもそも社会心理学がどういう学問なのか、他の心理学と何が違うのか、社会学ではなく心理学なのか、などなどと疑問に思っている人もいるだろう。詳しくは、この本を読んでもらうとして、ここではそのエッセンスだけをお伝えしておこう。

社会心理学とは、「状況の力」に注目し、それが人の心に与える（案外、強い）影響を解明しようとする学問である。そんな学問と日々取っ組み合っている社会心理学者のひとりとして、社会心理学のまなざしから、あいまいさに耐えられない心とどうまく付き合っていけばいいのかを、読者の皆さんと一緒に考えてみたい。

本書では、研究の結論だけでなく、そのプロセスについてもいろいろ紹介しているが、これには理由がある。結論、すなわち「答え」を知るだけでは、その研究成果を正しく利用できないと考えているからだ。人の心は一人ひとり異なるし、同じ人の心でも状況によって変わってしまう。だから研究の成果を応用しようと思ったら、どのように研究されたのかをある程度知っていただくほうがよいと考えたのである。

とはいえ、堅苦しく考えてもらう必要はない。社会心理学者が、心を知るためにどんな努力をしているのか、その奮闘っぷりも、野次馬的に面白がってくれたら嬉しい。そうすれば、少しは答えを急ぎたい気持ちもまぎれて、あいまいさに耐えやすくなると思う。

三浦 麻子

目次

第1章 状況から影響を受ける影響を考慮できる

第2章 リスクや利益を正しく見積もれる

第3章 人間関係がうまくいく

第4章 感情をふまえて判断できる

第5章 ネット社会とうまく付き合える

第6章 創造的な思考ができる

第7章 偏見に気づき、抗える

第8章 あいまいさを科学の俎上に載せる

終章 あいまいさとうまく付き合う方法

本書に登場する研究者の所属・肩書は、
初版が発売された
2025年2月当時のものである。

序章

私たちはあいまいな世界を生きている

不確実な世界で生き残る方法

私たちは、答えが見えないあいまいな状態が苦手である。この世界はあいまいさで満ちているにもかかわらず、いや、だからこそ、あいまいな状態ではいたくないのである。なぜなら、答えが分からないあいまいな状態の中にいると、自分の身が危険にさらされても対処することができないからだ。

あいまいな状態が危険だと言われても、ピンと来ないかもしれない。

そこで、あいまいな世界の危険さを実感するために、知らない無人島に連れていかれて、そこにひとりで取り残されたらどうするかを想像してみてほしい。

あなたはきっと頭をフル回転させて、さまざまな判断を下そうとするだろう。

安全な場所はどこか、食料になるものはないか、襲ってくる動物はいないか、島から助けを呼ぶにはどうすればいいか。これまで直面したことがない未知の状況の中、判断すべきことは無数にある。毎日起床して仕事場に行って帰ってくる慣れた生活とは全然違う。これまでのやり方が通用しない。

体力にも限りがあるから、むやみやたらと歩きまわったりはしないだろう。優先順位をつけて行動するはずだ。まずは、安全。そして食料の確保。

同様に、何を判断すべきかも優先順位をつけて考える必要がある。ピクニックに来たのなら島の植生をじっくり観察するかもしれないが、生き残るためには、植物の些細な違いに構っている場合ではない。危険がありそうかどうか、食べられそうかどうかが問題となる。ほかにも、どうやったら食料を手に入れられるかを考えなくてはならない。不審な音がしたら、深く考える前に早く逃げる必要がある。解像度は低くてもいい。素早く判断し行動する。そうすることが生存確率を上げるだろう。

現在の私たちは、スマートフォンを見ながら歩いていても即座に死ぬことはほとんどない安全な世界に生きている。だが、私たちの祖先が住んでいた世界は危険に満ちていた。自分を狙う敵がどこからやってくるか分からない。現代人はお金を持っていれば、ほぼ確実にお店で食料を購入することができるが、狩猟採集の暮らしでは、そういうわけにはいかない。自然の状況は移ろいやすい。今日うまくいっても明日はうまくいくかどうか分からない。祖先たちが生きていた世界は、今よりもずっと不確実性に満ちた世界だった。

生き残るために未来を予測する

だからといって、不確実な世界の中にも、それなりに法則はある。大きな獣がこちらを見たら飛びかかってくる可能性が高いし、以前、沼で大きな怪我をしたのなら、今後は沼には近づかないほうが生き延びる可能性が高くなる。雨が降った後は獲物の足跡を見つけやすいし、何度も狩りをしているうちに獲物がどういうパターンで逃げるかも見えてくる。積み重ねた経験をもとに法則を見つけ出し、次に何が起こるのかを予測することができれば、未来の行動は成功しやすくなる。

ちなみに私は、ハワイ旅行中に夫とふたりで海岸の岩場を散歩していたら、突然頭をはるかに超える大波が来て、それにのまれて危うく死にかけた経験がある。顔面含むいろいろなところに怪我をして、ひどい目に遭った。それ以来、ハワイでもどこでも、海には決して入らなくなっただけでなく、波打ち際を歩くこともしなくなった。

「海岸を歩いていたら波にのまれる」という可能性がゼロではないと分かって、たとえその可能性がかなり低くても、起きたときのデメリットを考えると、海で遊ぶ楽しさというメリットを捨てても惜しくないからだ。

このように、不確実な世界で生き残るために、私たちは過去の経験を学習し、それに基づいて未来の予測を立ててきた。狩猟採集の生活なら、その事前予測に基づいて獲物がいそうな場所に向かうし、敵がいそうな場所には近づかない。現代の人間も同じだ。ありとあらゆる場面で複雑な事前予測をしながら生きている。事前予測なしに行動するというのは、すなわち無謀ということだ。だから、私たちは事前予測を立てるために多くのエネルギーを注いでいる。

なぜあいまいな状態は不快なのか

では、事前予測を立てづらい場面では、人はどう感じるのだろうか。まず、不安が湧き起こる。意識しているかいないかにかかわらず、できれば一刻も早くその状態を脱したいという気持ちも起こってくる。個人差はあるだろうが、不確実な状況に放り込まれるといい気持ちになるという人は少数派だろう。

未知の無人島に連れていかれた人の気持ちを、もう一度想像してみてほしい。これまでの経験が活かせない。事前予測を立てるのが難しいし、立てたところで、外れてしまう。どうしたらいいのか、分からない。不安になり、早くその状態から抜け出したいと願う。なぜなら、不確実な状況で事前予測をうまく立てられないままでいると、自分をうまく守れないし、場合によっては死につながるからだ。

無人島に取り残されなくても、もっと身近な例がある。新型コロナウイルス感染症

（以下、コロナ）の流行が始まった頃を思い出してほしい。不安な気持ちになったり、落ち着かない状態になったりしなかっただろうか。

ウイルスの性質もまだ不明だ。どうやったら感染しないのかも不明である。ウイルスは目に見えないので、どこに存在しているのかも分からない。もしかしたら今もう身近に迫っているのかもしれない。感染を防ぎたいが、確実に防ぐ方法はない。みなが口々に違うことを言う。誰に聞いてもはっきりとした答えは返ってこない。

不確実さはリスクであるとは限らない

そんなコロナ禍では多くの人が早く不確実な状態から脱出したいと願ったことだろう。人々は、情報を集めたり、強く断言してくれる人の言葉を信じたり、少しでも安全だと思えるものに飛びついたりした。その結果、感染対策に有効な行動につながった人もいれば、逆に自身の願いに反して感染のリスクを高める行動につながった人もいた。

あいまいな状態から一刻も早く抜け出したいと感じることは、生物として自然な性質である。野生の状況下では、あいまいで不確実な状態には危険が潜んでいることが多いから、一刻も早く抜け出そうとするのは生き延びるための合理的な行動だっただろう。

しかし、現代において、あいまいな状態からさっさと抜け出すことにどれだけのメリットがあるだろうか。逆に、はっきりと結論づけられないような問題を、無理やり単純化し、素早く答えを出してしまうことで、弊害が生じてはいないだろうか。これが本書の問題提起である。

脳の2つの思考
せっかちモードとじっくりモード

心理学では、二重過程理論という考え方がある。人間には直感型の思考モードと、論理型の思考モードの両方が備わっているという考え方だ。

この2種類のモードは心理学者によって、いろいろな名前で呼ばれている。著名な心理学者で行動経済学を提唱したダニエル・カーネマンの著書『ファスト&スロー』のタイトルは、まさにこの思考モードのことを指している。直感型モードがファストで、論理型モードがスローだ。直感型モードをシステム1、論理型モードをシステム2と呼ぶ人もいる。感性と理性、と表現する人もいる。簡便な処理と詳細な処理と言う人も……。

ああもう、みんな、好き勝手に名前をつけないで。この際、私もつけてみようか。こうもバラバラだと、どれかひとつを選んでどこかの派閥に属するのも、何だか違うという気がするし。

というわけで、「せっかちモード」と「じっくりモード」というネーミングはどうだろうか（気に入らなければ、好きなように呼んでください）。

さて、直感型のせっかちモードは、精密性はないが素早く大まかに判断するモードだ。大まかだけでなく無意識的で自動的。イレギュラーな状況に合わせた細かい操作には不向きである。以前はこのモードを、「マニュアル車のように運転中に細かくギアを切り替える必要がないオートマチック車のようなものだ」と説明していたのだが、今やマニュアル車は絶滅危惧種だろう。それどころか「自動運転車」も現れて、オートマチック車よりさらに運転手が操作すべきことは減った。それと同様に、せっかちモードのときは、あれこれ細かい判断をする必要はない。サッと大まかに状況をつかんで、決まった思考パターンに状況をあてはめて判断を下す。楽ちんである。

じっくりモードはコストがかかる

一方、論理型のじっくりモードは、時間をかけた正確な判断をする。意識的、理性的、かつ分析的だ。せっかちモードが立てた事前予測よりも、じっくりモードが立てた事前予測のほうが当たる確率は高くなる。時間がかかるという欠点を持つが、現代社会では、多くの場合、時間がたっぷりあって、命の危険にはさらされていない。慌てて判断する必要はない。論理型のじっくりモードで思考したほうがお得である。まず直感を働かせ、次にじっくり検証するという二段構えで思考してもよいだろう。

それなのに、このじっくりモードの登場回数は、せっかちモードよりもずっと少ない。よくよく自身の経験を振り返ってほしい。あなたは1日のうち、どれだけじっくり考えて判断しただろうか。そんな場面をいくつ思いついただろうか。思いついた場面以外ではすべて、あなたはせっかちモードの判断に基づいて動いている。

時間がたっぷりあるにもかかわらず、せっかちモードが優先的に使われるのは、なぜだろうか。これには非常に根深い、人間に共通した理由がある。

それは、このじっくりモードが「認知資源」というコストをたくさん必要とするからだ。

認知は「資源」であり、使いすぎると枯渇する

次から次へと忙しく考えたり判断したりしていると、体を動かしていなくてもへとへとになってしまう。そんな状態のときは、うっかりミスが増えてしまう。落とし物をしてしまったり、約束を忘れてしまったり、大事な連絡を見逃したりもする。さらに、人の話を理解するのが難しくなる。些細なことでイライラしたり、我慢がきかなくなったりすることもあるだろう。ひとことで言うと、いつもより人間的にポンコツになってしまう。

不注意や理解力不足やイライラなど、一見バラバラに見えるこれらの現象は、認知機能の低下という言葉でくくることができる。心理学でいう「認知」は、知的活動の働きの総称だ。知覚・判断・想像・推論・決定・記憶・言語理解などの働きが含まれる。感情の制御や注意を向けることなども知的活動の一部である。

運動しすぎると疲れて体が動かなくなるように、脳も使いすぎると働きが鈍くなる。体の動きに関しては、私たちは日頃から何となく、残りのエネルギーを意識しながら活動している。長く歩いたり重い荷物を運んだりして疲れたら、座ったり寝転がったりして休んで回復を図るだろう。また、後に体を動かす予定が控えていれば、その前の時間はあまり行動しないようにする。

ところが知的活動に関しては、そんなふうに残りのエネルギーを意識しながらうまくやりくりしている人は少ないだろう。午前中に頭を使いすぎたから午後は休もう、ということにはなかなかならない。大抵の場合は、休めばいいのに、しなくてもいいネットサーフィンをだらだらして、ますます機能の低下に拍車をかけてしまう。賢明なやりくりの判断を下す能力自体も失われているからだ。

そういうときに、「認知資源」という概念が役に立つ。知的活動を行うエネルギーも限りある資源だと考えるのである。そうすると、いろいろな現象が理解しやすくなる。

認知資源が減るとあらゆる面に影響が出る

難しい交渉をしたり、たくさんの大事な判断を下したりするような場面では、認知資源を大量に使う。そんな1日を過ごしたら、夜にはもう認知資源が残りわずかになっているだろう。複雑な文章を読み解いたりすることはできない。それどころか、夕飯に何を食べるのかを判断することすら苦痛になったりする。

また、大きな心配ごとに悩まされている場合、その悩みに対して一定の認知資源が費やされ続ける。そのせいで普段より使える認知資源が少なくなり、仕事の質が落ちたり、注意散漫になって怪我をしたりするといったことも起きてしまう。

使える認知資源が減ると、いつもはできていることができなくなってしまう。そういう経験は多かれ少なかれ誰もがもっているはずだ。私の研究室には、認知資源が減ると妙に居丈高《いたけだか》になる院生がいる。そんな時の彼女は、たとえば論文の査読者（論文の掲載の是非を決める、編集者から依頼された研究者たち）に売る必要のないケンカをふっかける。「あなたはSNSで炎上（もしくは炎上に加担）するタイプだね」と言ったら、「だからやらないんです」とのこと。正しい。自分の心理傾向を理解することは、世の中をうまく渡っていくために重要である。

ちなみに私は、たくさんのタスクに追われて利用できる認知資源が制限されると、曜日の感覚がおかしくなる。夕飯も作りたくなくなる。そのうえ、悪食《あくじき》になって、健康に悪そうなものを食べてしまう。いくつかすべきことを忘れたりする。大学の入構ゲートで一時停止するのを忘れて、開きかけのバーに車で突っ込んだりもする。

認知資源という概念を導入して自分や他人を観察してみるのはなかなか面白いので、お勧めだ。そういう目で自分の生活を見直してみると、資源のうまい分配方法や使い方が見つかるかもしれない。

認知資源を節約したくなる理由

RPGゲームをたしなんだことがある人なら、身体活動のエネルギーはHP（ヒットポイント）、知的活動のエネルギー（認知資源）はMP（マジックポイント）の値だと思えばいいかもしれない。MPは魔法の強さに応じて使うたびに一定の値が減っていき、ゼロになると魔法が使えなくなる。

MPは宿屋で1泊すると回復するが、現実の認知資源も睡眠によって回復する。認知資源が1日のうちで最も豊富なのは起床時だろう。だから、大事な仕事は起きて間もないうちにやってしまおうという仕事術が語られたりするのも一理ある。

なるべく認知資源を減らさないために、着る服や食事内容をルーティンであらかじめ決めておくという人もいる。ファッションや食事を趣味にしている人からは、そんなつまらない生活を……と思われるかもしれないが、着る服や食事にこだわらなければ、その分、節約した認知資源を他のことに回すことができる。お金と同じだ。何にどう使おうが、個人の自由である。その使い方を知っていれば、自分の望みに合った生き方をすることができる。

認知資源はゲームと違って数値で測れるものではないし、もともとの量も減り方も人によって異なるだろう。でも、使いすぎると枯渇して能力が落ちることや、意識していなくても本能的に、なるべく枯渇しないように隙あらば勝手に節約してしまうことは、すべての人にだいたい共通した傾向だということを覚えておいてほしい。

この傾向が、私たちの判断に数々のバイアスをかけていくことになるのである。

あいまいさに耐えられないとどうなるか

野生の環境ほどではないにしても、私たちの住む世界は、あいまいさに満ちている。感染症のパンデミックや地震などの大災害が、今度いつ起こるかは分からない。年を取れば病気になりやすくなる。若くても怪我をしたり、病気になったり、目論見《もくろみ》通りに人生を進められないこともある。政治も経済も確実なものは何もない。その場の状況に応じて、より正確な事前予測を立て、不確実ながらもより確率が高いと思える道を選択して行動していくしかない。

より正確な事前予測を立てるためには、あいまいな状況に耐えて、じっくり考えることが必要だ。あいまいさへの耐性が低いと、早く抜け出したくてせっかちモードが作動してしまう。せっかちモードは無意識のうちに、思考や行動を乗っ取ってしまう。そうなると、状況によっては理屈に合わない妙な行動をとってしまい、間違った事前予測に基づいて本人の望まぬ方向へ進んでしまうこともある。

決断が早いというのはいいことのように語られがちだが、単にあいまいさ耐性が低くて、じっくり考えられないだけである可能性もある。直感に従ったのだから間違いないと本人は思うかもしれないが、「間違いない」という気持ちになること自体も、せっかちモードの罠である。

自分のあいまいさ耐性を知るひとつの方法

あいまいな世界なのだから、あいまいさとうまく付き合っていく術を身につけたほうが、自分の望む道へ進みやすくなるはずだ。

次のページの図1は、２００７年に臨床心理学者の西村佐彩子氏が開発した「曖昧さへの態度尺度」だ。尺度というのはスケール、物差しのことである。あいまいさへの態度というあいまいなものを数値で捉えるために作られたものだ。詳しくは論文を読んでほしいが、質問項目をざっと眺めるだけでも、あいまいさに対していろいろな態度があり得ることが分かるだろう。

図1　曖昧さへの態度尺度

第1因子　曖昧さの享受

- いろんな可能性があると、すべてを試してみたくなる。
- いくつかの解釈ができると、いろんな角度からものごとを見れる点では自由な感じがする。
- 見たことがないものには想像力をかきたてられる。
- いろんな可能性があると選べるのでうれしい。
- 見たことがないものは見ておくことにこしたことはないので、ぜひ見てみたい。
- 不完全なことは完全にしていくプロセスがあっておもしろい。
- いくつかの解釈ができると、視野や可能性が広がっていくのでおもしろい。

第2因子　曖昧さへの不安

- はっきりしない状況ではどうしたらいいかわからなくなる。
- 見たことがないものに出会うと怖くなる。
- 見たことがないものにすぐに近寄るのは抵抗がある。
- はっきりしない状況におかれると不安になる。
- いろんな可能性があると、選ぶのに時間がかかって迷う。
- 情報が多すぎると、かえって頭が混乱してしまう。

第3因子　曖昧さの受容

- はっきり決めないままにしておいた方が気が楽なこともある。
- 不完全なままにしておいた方がよい時もある。
- 不完全なことがあるからおもしろい。
- 不完全なところも、ある程度受け入れられる。
- はっきりしていないことがあっても、そのままにしておくのがいい。

第4因子　曖昧さの統制

- 情報がたりないと動きづらいので、できるだけ情報を集めたい。
- 情報がたりないと正確な判断はできない。
- 確実でないところは確認して明らかにしたい。
- いろんな可能性がある時には、さまざまなことを考慮して対処法を考えておきたい。
- 一貫していないことには信頼がおけない。

第5因子　曖昧さの排除

- どっちつかずな立場はどちらか一方にはっきりさせるべきだ。
- どっちつかずであることはよくないと思う。
- はっきりしないことはできるだけ白黒つけたい。

出典：西村（2007）に基づいて作成

もし興味があれば、それぞれの質問につき、「1．まったくあてはまらない」「2．あてはまらない」「3．あまりあてはまらない」「4．少しあてはまる」「5．あてはまる」「6．非常にあてはまる」のどれかで回答して、1を選んだら1点というように、5つの因子ごとに合計点を出してほしい。

点数が高いほど、各因子のタイトルにある傾向が強いことを意味している。西村氏が調査した大学生437人の平均値は、享受が30・06、不安が23・95、受容が19・35、統制が21・36、排除が11・04だった。大学生の平均値と比べて、あなたの値はどうだっただろうか。

ちなみにこの調査で回答が1～6の6段階であることにも意味がある。5段階だと真ん中の値である3が「どちらでもない」に割り当てられてしまうが、あいまいさ耐性が低い人は「どちらでもない」を選んでしまう傾向があるため、実態を捉えにくくなる。

あいまいさ耐性が低い人が、どちらでもないというあいまいな答えを選ぶのは不思議な気がするかもしれない。なぜだろうか。これが分かると、あいまいさに耐えられない人の行動パターンが見えてくる。

問われたことのない質問を受けて自分を分析し、どのくらいあてはまるか、どのくらいあてはまらないかと考える課題は難しい。すぐに答えが出ないこともある。「曖昧さへの態度尺度」で問われる質問は、おそらく、多くの人がこれまで意識して考えたことがない内容だろう。自分と向き合って考えてみないと、答えられない。答えが見えない状態でいるのは、不快だ。あいまいさ耐性の低い人は、さっさとそこから逃れたくなる。かといって、自分の気持ちと関係ない答えを適当に選ぶほどの不誠実さはない。だからこそ、「どちらでもない」という答えがあれば、飛びついてしまう。じっくり考えたら本当は答えが分かるはずだが、さっと答えが出ないのだからどちらでもないのだと解釈するのかもしれない。もしくは、どちらでもないを選ぶのなら、自分の気持ちに大きく反することはなくて罪悪感が減るのかもしれない。理由はどうあれ、さっさと答えを出せる選択肢を選べば、あいまいさの中に居続ける不安が解消される。6段階の評価から選ぶことに落ち着かない気持ちがした人は、いつもは「どちらでもない」を選びがちだったからかもしれない。

あいまいさとの付き合い方を通して自分を知る

ところで、図1はあいまいさ耐性テストではなく、あいまいさに対してどのような態度をとるかを測定するものだ。単純に合計点が高ければあいまいさ耐性が高いというわけではないので、注意してほしい。第7章で詳しく説明するが、人は他人を類型にあてはめて解釈したがる傾向がある。そのほうが、あいまいさが減って楽だからだ。性格診断やあなたは○○タイプといった占いが流行したりするのも、あいまいさに耐えなくていいからだろう。

本書の読者は、あいまいさ耐性あり／なしで語りたくなる気持ちをぐっと抑えて、この尺度と自分が選んだ数値を眺めてみてほしい。

図1の尺度には、あいまいさを楽しんだり（享受）、受け入れたり（受容）するポジティブな態度や、心配になったり（不安）、白黒はっきりつけたがったり（排除）、コントロールしたくなったり（統制）というネガティブな態度の両方が含まれている。それぞれの因子ごとに点数を見ていくと、自分があいまいさに対してどう付き合ってい

るのかが見えてくる。

さらに、その傾向自体に良いとか悪いとか判断を下せるものではない。特定の環境下では、ある傾向が困ったことを引き起こすかもしれないし、同じ傾向が別の場所では長所になるかもしれない。

図1を眺めていると、あいまいさは悪いことばかりではないと感じるはずだ。あいまいで不確実な状況は、不安のもとになるだけでなく、未知の新しい可能性を拓くきっかけにもなる。

そういうふうに、これまでとは少し違う新しい世界の見え方を提供できることは、心理学の面白さのひとつだと思っている。

あいまいさに耐えられる人がうまくいく7つの理由

ここまでで、答えを急がないためには、あいまいさに耐える必要があることを分かってもらえたと思う。あいまいさに耐えるのは大変だ。何かメリットがないと、耐えてみようかという気も起こらないだろう。

そこで本書では、あいまいさに耐えられるようになると、どんないいことがあるかという視点を提供してみることを試みた。

次に挙げるのは、あいまいさに耐えられる人がうまくいく7つの理由である。

①状況から受ける影響を考慮できる
②リスクや利益を正しく見積もれる
③人間関係がうまくいく

④感情をふまえて判断できる
⑤ネット社会とうまく付き合える
⑥創造的な思考ができる
⑦偏見に気づき、抗《あらが》える

中には、あいまいさとどう関係するのかまったく分からないものもあるかもしれない。しかし、私たちが日頃、あいまいさに耐えられないせいでどれだけせっかちモードに乗っ取られているかを考えると、①〜⑦のようなことが言えるのである。

裏を返せば、せっかちモードに乗っ取られた私たちは、①〜⑦とは反対の状態になってしまいがちだ。状況から受ける影響を考慮できず、リスクや利益の見積もりを間違え、人間関係で失敗し、感情に振り回される。ネット社会の罠に陥り、創造性がせき止められ、自分がもつ差別・偏見に気がつかない。

どれも、社会心理学の研究によって明らかになってきた人間の心の傾向だ。もちろんそれはあくまで傾向なので、万人に、あるいは常にあてはまるわけではないが、自分の行動を振り返りながら、人間って面白いなと感じてもらえたら嬉しく思う。

第1章

状況から受ける影響を考慮できる

人間は状況に影響を受ける社会的動物である

私たちは常に自分の周囲を取り巻く状況に影響を受けながら生きている……ということ、世間に流されるとか、いつもつるんでいる友人に影響されるとか、時代の風潮とか、そういったことを思い浮かべるかもしれない。しかし、そのような自覚できる影響だけではない。もっと日常的に私たちは状況に影響されている。

同じ人間でも、違う状況に放り込まれれば、いつもと違う行動を見せたりもする。時には人格が変わってしまったかのように見えることすらあるかもしれないが、それは、人が変わってしまったり、おかしくなってしまったりしたわけではない。人の思考や行動は状況によって影響されるのだから、状況が変われば思考や行動も変わるのは、ある意味、当然のことだ。

コロナ禍になって、普段はあまり見られない行動をする人が続々と現れた。大学生が感染症にかかったからといって、その学生が所属する大学に苦情の電話をかける人はこれまではあまりいなかっただろう。しかしコロナ禍というこれまでに経験したことがないほど劇的な状況の変化が人の行動を変えた。その影響力は、もともと不安を抱きやすいとか、激しやすいといった心の傾向がある人たちを、大学への苦情の電話という直接的な行動を取るところに至らしめるくらい強かったのではないだろうか。

社会心理学者という仕事をしていると、時にはマスコミから取材の申し込みを受けることがある。コロナ禍でよく聞かれたのが、「どうしてこんなに人がおかしくなってしまったのでしょうか」という質問だった。そのたびに、人がおかしくなったのではなく、状況がおかしくなったのだと説明するのだが、あまり納得してもらえない。もし、人間の心が周囲の状況から影響を受けないのだとしたら、実験室に閉じ込めていろいろ調べていれば事足りる、かもしれない（倫理的には問題があるが）。だけど、当然ながら、実験室にいるときと外にいるときとでは、心の状態は変わる。コロナ禍や地震などの不確実性の高い状況の中にいるときと、平時とでは、人々の心の状態は変わるし、行動も変わってくる。

行動の観察を通して心を知る

ここでいう状況というのは、私たちが生きている現場に関わるありとあらゆることを指している。場所、そこに存在しているもの、そして他者の存在も状況である。立場や持ち物や時間に余裕があるかどうかも、状況に含まれる。

状況が変わると、人の心はどう変わるのか。

それを行動という、外から観察可能な指標によって研究していくのが、社会心理学だ。

社会心理学ではひとりの心理を深く掘り下げるというよりは、多くの人からデータを取ることが多い。個人差のある心の働きを、行動という個人差のある指標で観察するので、少ない人数だと何らかの傾向が見出されづらい。大量のデータを取って統計的に解析すれば、調べたいこと以外の差異は影響が相殺されて目立たなくなり、調べたいことの傾向が（あれば）浮かび上がってくる。

確率として得られるデータをどう読むか

あらゆる人間が、状況Aでは必ず行動Aを、状況Bでは必ず行動Bをとる、ということはまず考えられない。ただし、そのようなデータが得られる可能性がゼロだとは言い切れないし、そういうデータが得られたとして、常に（いつデータを取っても）そうだというわけでもない。

状況Xでは、行動Aをとる人が30％、行動Bをとる人が70％だとしても、状況Yでは、行動Aをとる人が70％、行動Bをとる人が30％となることがある。このように、状況Xと状況Yでは人々の行動傾向が異なる（当然、状況に動かされない人もいるし、動かされる人もいるが、全体的には傾向が違う）。ただしこれもまた、常に（いつデータを取っても）そうだというわけではない。

何だかすっきりしない話だと思う人もいるかもしれないが、心というあいまいなものを扱う以上、明確な答えを出すことは難しい。

しかし、だからといって、このような研究に意味がないわけではない。確率的な心の働きの傾向を知ることで、心とうまく付き合っていくことができるからだ。

確実ではないが、何もないよりは事前予測の成功率は高まる。天気予報を見て、傘を持っていくかどうかを決めるようなものだ。降水確率70％というデータに、降るのか降らないのか、どっちかはっきりしないなら意味がないと怒る人は（たぶん）いない。もし、そんなデータには意味がないと思うのなら利用しなければいいが、多くの人はその確率を見て、雨が降ったときに備えた行動をとるだろう。

「どのくらいあいまいなのか」を知ることの重要性

確率というのは、どのくらいあいまいなのかを示すためのデータだと言える。統計的に人の心を調べるというと、人間の個性や繊細な心の機微を数字に置き換えて切り捨てるといったイメージがあるかもしれないが、研究自体にそういう側面があるというよりは、確率で表される結果を単純に解釈してしまったときに、切り捨てて見えなくなるものがあるのだと考えていただきたい。

社会心理学を研究するにも、その成果を活用するにも、あいまいさに耐える力が必要になってくる。いや、社会心理学に限らず、科学的研究すべてに言えるかもしれない。まだ誰も分かっていないことを探究する過程は、あいまいさの中でもがくことだからだ。科学的研究とは、不確実なものを確実にしようとする営みだと言える。結論はなかなか出ない。実験や思考を重ねて答えらしきものが見つかっても、本当にそれが正しいのかを疑って、何度も検証しなくてはならない。

あいまいさに耐えられず、手っ取り早く分かりやすい答えに飛びついてしまいたくなる誘惑に負けると、データの捏造《ねつぞう》問題が起きたりすることもある。研究の信頼性については第8章でも触れることになるので、今はこの辺で。

第二次世界大戦をきっかけに注目された「状況の力」

心理学のもととなった学問のひとつに哲学がある。心の不思議については、古代の人々もさまざまに論じてきた。やがて心理学は、哲学のように理論を積み上げて証明するのではなく、調査や実験などのデータ（事実）で証明する「実証科学」を目指すようになった（ちなみに、哲学のほうでも、近年「実験哲学」という分野の研究が行われている）。

心理学研究の手法も多様だ。

夢を分析することで無意識の心の働きを探ろうとしたジグムント・フロイトは有名だろう。彼の提唱した精神分析は、現代の精神医学や臨床心理学の基礎（のひとつ）となっている（ただし、実は私自身は臨床心理学を勉強したことがない）。

さらに第二次世界大戦をきっかけに、心に対する状況の力に注目が集まった。戦争という大きな状況の変化の中で、人々が普段とは違う行動を見せたからだ。ナチス・

ドイツを含め、いろいろな場所で大量虐殺が発生し、今までの人間観には収まらないひどい出来事も起こった。人間とはいったい何なのかという問題意識が強まり、人間自体がもともと悪の存在だったということではなくて、戦争という異常な状況によって動かされた結果、悲惨な出来事が起きたのではないかと考えられるようになった。

そして、状況が人間の心に大きな影響を及ぼすのではないかという考えを実証するために、さまざまな実験が考案され、研究が行われた。

社会心理学の三大有名実験

社会心理学の三大有名実験といえば、ソロモン・アッシュの「同調実験」、スタンレー・ミルグラムの「服従実験」、フィリップ・ジンバルドーの「模擬監獄実験」である（私が選んだので、異論は認める）。これらは3つとも、第二次世界大戦が終わって10～20年後に行われている。アッシュとジンバルドーは高校の同級生で、ミルグラムは博士論文を書くときにアッシュの指導を受けていた。師匠と弟子のような関係である。

ジンバルドーがスタンフォード大学で行った模擬監獄実験は、何度か映画化もされたので（『ｅｓ』［２００１年製作］など。２０２４年にはアメリカのナショナルジオグラフィックが、ジンバルドーや当時の関係者へのインタビューを含むドキュメンタリーシリーズ『The Stanford Prison Experiment: Unlocking the Truth』を製作し、公開している。残念ながら２０２５年現在、日本ではまだ見ることができない）、知っている人も多いだろう。看守役と囚人役に振り分けられた実験参加者が、模擬監獄でそれぞれの役割を演じながら生活するうちに、実際には看守と囚人ではないのに、看守役は自ら囚人に対して罰を与えたり、屈辱的な行為を命じたりするようになったという実験だ。

囚人役はきわめて強い苦痛の中、服従を強いられたことで中止を求め、２週間の実験の予定だったが６日間で中止となった。

役割を与えられただけで、善良な人が変貌してしまうことを示したインパクトのある実験だが、倫理的にはかなり問題がある。さらに近年になって、実験の過程に「やらせ」が入っていたのではないかという疑惑もある。というわけで、監獄実験は、社会心理学を代表する実験として紹介することはできない。

代わりに、さまざまな物議を醸しつつも、後年の研究者による追試も行われ、再現性が認められている、ミルグラムの「服従実験」を紹介したい。

権威に従うことで残酷になる

アメリカの心理学者ミルグラムは、権威者の指示に服従する人間の心理状態を調べる実験を行った。同様の設定の実験が20回以上行われているのだが、ここでは最初に行われたものを紹介しよう。

まず、実験参加者を教師役と生徒役に振り分け、参加者には記憶に関する実験だと説明した。教師役と生徒役は別々の部屋を割り当てられ、生徒役には単語の組み合わせを覚える課題が与えられた。教師役がマイクを通して出した問題に、生徒役が誤答をしてしまうと、教師役は罰として電気ショックを与えるためのスイッチを入れる。電気ショックの電圧は、生徒役が1問間違えるたびに強くなっていく。最初の間違いでは15ボルト、次は30ボルト、その次は45ボルト……。

高圧の電気ショックを与える実験だなんて、模擬監獄実験よりも問題になっていてもおかしくないが、実は、このときの生徒役は仕込みのサクラである。実験参加者は全員教師役に割り当てられ、研究者側が用意した生徒役のサクラと（相手がサクラだとは知らずに）ペアになる。また、教師役がスイッチを入れても、実際には電流は流れない。教師役が流した電流の強さに応じて、あらかじめ録音した音声を流し、生徒役は壁を叩くなどの決められた演技をしていただけである。そして、実験が終わった後に、参加者は、実は電流が流れていなかったことを知らされる。

だから、読者の皆さんも安心して続きを読んでほしい。

あなたなら、どうするか

罰として与える電圧が75ボルトに達するあたりになると、別室から生徒役のうめき声が聞こえてくる。さらに生徒役は間違え続け、流す電圧をどんどん上げていかなくてはならなくなる。やがて生徒役ははっきり声に出して抗議し（１２０ボルト）、実験中止を求め（１５０ボルト）、そして２８５ボルトまで電圧が上がると、「苦悶の絶叫」と言わざるを得ない反応になる。苦悶の絶叫が響きわたる中でも電気ショックを与えるスイッチを入れ続けるなんて、想像するとなかなか恐ろしい事態である。そのまま実験を続けたら、ひょっとすると、死んでしまう可能性も考えられる。

もしあなたがこの実験の参加者で、相手がサクラだと知らなかったとしたら、どこまでこの実験を続けるだろうか。ちなみに、実験を途中でやめても、報酬は変わらないし、参加者に不利益はない。

ミルグラムは、この実験を行う前に、心理学専攻の大学4年生に実験結果を予想する事前アンケートを実施した。多くの学生は、最大の電圧まで実験を続ける人はごくわずかだろうと回答した。

今ここを読んでいるあなたも、学生たちに賛同するのではないだろうか。たかだか実験で、相手が苦しみながら叫んでいるのに続行し続けるような人は、ごく少数の、ちょっと変わった残酷な人間だろう、と。

しかし、結果的には、途中で抵抗を示す場合もあったが、実験参加者40人中26人（65％）が最大電圧の450ボルトまでスイッチを入れた。また、300ボルトに達する前に中止した参加者はひとりもいなかったのである。

誰もがアイヒマンになるかもしれない

実験参加者は新聞広告を見て集まってきた普通の市民たちだった。どうしてそんな人が、何の罪もない人間にひどい罰を与えるようなことができたのだろうか。

この実験は、「アイヒマン実験」とも呼ばれる。アドルフ・アイヒマンは、ナチス政権下で数百万人のユダヤ人を収容所に送る責任者であった人物だ。彼は、ヒトラーに忠実に従い、ホロコーストを実行した理由を、「命令に従っただけ」だと一貫して主張した。それがアイヒマンの本心なのか、罪を軽くするためにそう言っているだけなのかは分からない。

アイヒマンがそのような行為に及んだのは、アイヒマンのパーソナリティの問題であろうと考えた心理学者もいた。だがミルグラムは、その残酷な行為をアイヒマンの性格のせいではなく、状況の問題だと考えたのである。この出来事にインスパイアされて着想された服従実験は、状況によって人が残酷な命令に服従し得ることを示すことになった。

罪の意識が希薄になる代理人状態

服従実験と名前がついているが、この行動にはさまざまな心理が働いている。まず考えられるのが、自分の行為の責任を権威者に預けて、自分は代理人に徹する「代理人状態」という心理である。

この現象もまた、あいまいさに耐えられないことから起きている。

ミルグラムの実験において、耐えるべきあいまいさはどこにあるか、参加者の気持ちになって考えてみてほしい。あいまいで不確実で、答えが分からなくて葛藤が起こるような場面はどこだろうか。

そう、スイッチを入れるか入れないか、その判断を迫られる場面である。

あなたは自ら実験への参加を表明した。そして報酬を受け取り、実験は始まっている。多くの研究者がこの実験に関わっており、ここで中止すると時間やお金の損失が発生することが予想される。実験自体は権威ある研究者が計画したものであり、専門家の監修のもとで行われているのだから、おそらく正しい手続きなのだろうと、あなたは考える。

だが一方で、相手が苦しんでいるのに電気ショックを与えるのは非人道的で間違った行為である。普通に考えたら、心理学実験に協力するために、そんなことをする必要はないし、そんなことはしたくない。早くやめてしまいたい。

しかし、あなたのそばには白衣を着た威厳のある実験者がいて「続けてください」と指示を出す。ためらった場合はさらに強く指示が出る。「続行していただくことが必要です」「続ける以外に選択肢はありません」と。

これが実験室の中でなければ、誰かに電話をして「どう思う?」と相談することもできるかもしれない。だが、それは許されていない。今すぐ判断せよと迫られている。続けるべきなのか、やめるべきなのか、分からない。どちらの判断を下しても、それなりに責任を伴ってしまう。続けるなら相手の苦痛に対する責任が発生するし、やめるのなら実験を台無しにしてしまう責任が発生するかもしれない。どちらを選べばいいか、不確実であいまいで不快な状態である。

従えば、あいまいな状況から脱出できる

そんなときに「続けることが必要です」と実験者に言われたら、どうするだろうか。命令に従っただけという形で自分の良心に言い訳をすれば、あいまいな状況を脱出できる。もう悩まなくていい。

冷静に考えれば、実験者の命令に従っただけだとしても、電気ショックによって相手が死ぬなどの重大な事故が起きてしまったら、取り返しがつかない。そして、そのリスクを予想しながらも命令に従ったあなたも、罪に問われるだろう。アイヒマンがいくら命令に従っただけだと主張しても絞首刑に処せられたように、命令に従っただけだから何の責任もないという理屈は通らない。私たちは機械ではなく、自分で考え、自分の意思で動いている人間だからだ。

このような代理人状態によって罪の意識が希薄になる現象は、現代でもよく見られる。

2018年に日本大学と関西学院大学のアメリカンフットボール定期戦において、日大の選手がボールを持っていない無防備な関学大の選手に対して、背後から激しく

タックルして負傷させた。その選手はその後も3度にわたってパーソナルファウル（相手に怪我をさせる危険行為だと判断された際のファウル）を犯し、退場となった。

なぜそんなことが起きたのだろうか。あるメディアでは、日大の監督が試合前に「最初のプレーで相手のクオーターバックに怪我をさせる。何か言われたら『監督の指示』と言っていい」という趣旨で選手の名前を挙げて指示をしたという関係者の証言が報道された。社会心理学的なところが満載な事件だとは思っていたが、ここまで「権威への服従」の構図そのものだったとは……と、驚いた。

当時私は、当事者の一方である関西学院大学にいて、社会心理学の授業でちょうど状況の力について講義していたところだったので、この件を取り上げてかなり熱く解説した。その後、指示はしていないという監督の証言も出たが、直接の指示はしていなかったとしても、状況の力が働いていたのではないだろうか。

権威への服従を回避するには

権威への服従の心理の恐ろしいところは、自分に責任がない気がするのはただの錯覚であって、社会的にも倫理的にも責任がある点である。「俺が責任を取る」なんていう権威者の言葉があったとしても、何の役にも立たない。危険行為を働いた選手は社会的な制裁を受け、深い心の傷を負った。

こんな状況のときにあいまいさに耐え、じっくりモードで、後から負う責任の重さを冷静に考えることができれば、後悔するような選択をしないで済むかもしれない。とはいえ、どれだけ抗っても逆らえないこともある。権威のある相手に生殺与奪《せいさつよだつ》の権を握られているかもしれないし、そうでなくても状況の力というのはなかなか抗いがたい。注意していても、気がつくと、巻き込まれてしまっていることも多い。

権威に服従して後悔する行動を起こさないようにするためには、どうすればいいだろうか。これはもう、根性とか正義感だけではどうしようもない。非人間的な環境からはなるべく早く離れるしかないかもしれないが、それもなかなか難しいだろう。ある意味、運任せとしか言いようがない。それでもこの心理現象を知っていれば、自分の行動や心理を本心かどうか疑ってみることはできるだろう。

一貫していたい気持ちのせいで断りにくくなる

人には自分の行動や発言を一貫させておきたいという欲求がある。そのくらいなら受け入れてもいいかなと思える要求をいったん受け入れてしまうと、次の要求を断りにくくなる。断ると一貫性が保たれなくなるからだ。この現象も、服従実験の参加者が途中で断りにくくなった原因となっているだろう。

試食販売は、この心理傾向を利用している。試食して美味しかった。それなのに買わないなんて、行動が一貫していない。そのことに抵抗を覚えた人が買ってしまうのである。

このような心理傾向を利用したテクニックは「フット・イン・ザ・ドア」と呼ばれている。訪問販売員がつま先だけドアの中に入れて、話だけでも聞いてくれという小さな要求をするエピソードをもとにつけられたそうだが、訪問したうえに、強引につま先をドアの中に入れてくるなんて、小さな要求どころか、迷惑千万、いや、恐怖でしかない。現代の感覚では合わない命名だろう。

断りづらい頼み方「ドア・イン・ザ・フェイス」

少し話はそれるが、これと真逆のテクニックに「ドア・イン・ザ・フェイス」がある。断られて当然の大きな要求をいきなり最初にする手法である。その名が表す通り、つま先ではなく、顔をドアの中につっ込んでくるのである。なぜそんなことをするのか。次にそれよりも小さな本命の要求をすると、二度も断る申し訳なさから断られにくくなるからである。

たとえば、ものすごく面倒くさい仕事を頼まれかけて断ったら、じゃあこっちを手伝って、と別のもう少し軽い仕事を頼まれて、思わず承諾してしまった経験はないだろうか。または、到底買えないような高価な商品を勧められ、断ったら、別のお手頃価格の商品を勧められて思わず買ってしまったことはないだろうか。

「フット・イン・ザ・ドア」も「ドア・イン・ザ・フェイス」も、私たちの人間らしい心理に付け込んだテクニックである。自分の行動や主張に一貫性を保つことは社会生活を送るうえで大切だし、同じ相手の願いを何度も断るのは申し訳ないから小さめの要求なら受け入れるというのも、人間関係を円滑に保つためには役に立つだろう。だが、相手がこのテクニックを悪用してこちらの行動をコントロールしようとしている場合は、注意が必要だ。

別に一度要求を受け入れたからといって、次も受け入れなくてはならない道理はないし、相手の要求が自分の希望に合わなければ何度でも断ればいい。湧き出てくる葛藤に耐え、せっかちモードではなく、じっくりモードに登場してもらうと、こんなふうに割り切って冷静に考えることができるだろう。

「人のせい」にしてしまう帰属の錯誤

ミルグラムの実験のように、複数の人たちに同じ状況を与えて、その人たちの多くが同じような行動（生徒役に電気ショックを与え続ける）をとると、私たちは「何だか変なことが起こっている」と気がつくことができる。だが、もしこれが、実験参加者がたったひとりで、そのひとりが行った結果だったとしたら、どう感じるだろうか。おそらく、多くの人が、その実験参加者に何か問題があると考えるだろう。自分ならそんなことはしない。きっと、その参加者がサディストだったのだ、と。

このように、本当は状況のほうに原因があるのに、人物の性質などの内的要因に原因があると考えてしまう現象を、社会心理学では「基本的な帰属の錯誤」という。

帰属の錯誤は、問題が起きたときにその原因を間違えてしまう現象であり、「基本的な」と冠されているのは、状況より本人のほうに原因があると考えてしまうというのが、多くの人々に見られる基本的な傾向であることを表している。ひとことで言えば、みんな「人のせいにしがち」だということだ。

基本的な帰属の錯誤が現れた実験

この概念のもとになった有名な研究が、エドワード・ジョーンズとビクター・ハリスが1967年に発表した研究だ。

実験参加者を2つのグループに分け、当時キューバの指導者であったカストロの政権について、賛成派と反対派の文章をそれぞれ読んでもらう。その際、ひとつのグループには書き手は賛成・反対の立場を自由に選択したと伝え、もう片方のグループには書き手はどちらの立場で書くかを指定されていたと伝えた。そのうえで、賛成の意見を書いた人物は、実際にカストロ政権にどのくらい賛成していると思うかを、10（極端に反対）〜70（極端に賛成）のどこにあたるかで答えてもらった。

その結果、自身で選択したと聞かされた場合は、59・62となり、かなり強く賛成しているとみなされたが、立場を指定されたと聞かされた場合も、44・10となった。

10〜70の中央値は40なので、強く賛成というわけではない数値だが、当時のアメリカは反キューバ一色であり、実験参加者自身の平均値は32・23であったから、実験参加者は自分たちよりも、この書き手はかなり賛成寄りであろうと考えたことになる。

立場を指定されて書いたのだとしたら、書き手の本当の考えは分からないはずである。しかし実験参加者は、このような内容を書くからには、きっと本人の中にも賛成の気持ちがあるのだろうと、原因を本人の内的要因に帰属したのである。

他の多くの古典的研究と同様、この研究もご多分に漏れず、とかく議論がある（特に文化比較的な観点からは過去に大論争になったこともある）が、実験としてはシンプルかつスマートで面白い。

基本的な帰属の錯誤が起こると、問題の根本的な解決を図ることができなくなる。何か困ったことが起きて、本当は状況に原因があるのに、人物に原因があると考えてしまったら、その人物を別の人に置き替えればいいということになる。しかし、本当の原因は状況のほうにあるのだから、人物を替えてもまた同じことが起こる。真の原因が取り除かれていないので、問題は解決しないのである。

電車事故や、過労死や、いじめなど、これまでは、本人のミスや弱さのせいで起きたと思われがちだった出来事についても、近年では状況のほうに原因があるのではないかという議論が出るようになってきたのは、良い流れだと思う。

原因を冷静に分析するために

原因を検討するときに、私たちは状況よりも本人のほうに原因を帰属させがちだということを知っておけば、せっかちモードのスイッチが入るのを止められる。「ちょっと待て、状況のほうに原因はないだろうか」とじっくりモードで考えることで、より正確に、原因の分析ができるようになるだろう。

ちなみに、自分が帰属の錯誤を起こしていることは分かっていても、あえてそれにしがみつく場合もある。阪神タイガースが負けたのは自分が応援に行ったせいだと考える阪神ファン（私）のケースだ。

基本的な帰属の錯誤は、原因を行為者の内的要因に帰属するので、本来は阪神が負けたのは阪神の選手のせいと考えることを指すが、選手も球団も責めたくないファンの心理が、自分の応援と阪神の負けを結びつけるのである。選手や球団を「責めたくない」理由の内訳はファンによっていろいろだろうが、私の場合は、「なぜそんなへっぽこたちを自分は応援しているのか、バカなのか」と落ち込むので、そうならないための防衛策だ。

論理的に考えても科学的に考えても、私が応援に行くか行かないかが、阪神の勝ち負けに影響することはない。そんなことは分かっている。だけど、負けても負けてもファンで居続けるためには、自分のせいにするしかない。負けたら自分のせいと考えるのは、たとえ不合理だとしても、ファンであり続けるための唯一の手段なのだ。

時には状況の力を利用する

状況によって人の心や行動が変わるのなら、状況を変えることで人々の行動を変えることもできる。

阪神ネタを引っ張って申し訳ないが、２０２３年に阪神が優勝した。前回優勝したのは２００５年だから、18年ぶりの優勝だった。

同じく18年ぶりに優勝した２００３年には、道頓堀川に５０００人以上がダイブしたらしい。が、２０２３年は26人。警官を配置し、警戒態勢をとった効果だろう。なぜこんなに減ったのだろうかと新聞社から取材を受けた。が、答えた内容は使われなかった。

新聞社的には、今の若い人は目立つことを嫌うからというストーリーを描きたかったようだ。別にそれ自体はかまわないと思うが、私はそうは思わなかった。ファンの心理が変わったというよりは、状況がそうさせたのではないだろうか。

たまたま結びついてしまった意味なら剥がせる

阪神の優勝を祝いたい気持ちと道頓堀川に飛び込むことは、もともと関連がない。たまたま結びついてしまっただけだ。ひさびさの優勝に喜ぶ阪神ファンに「はしゃぐな」と言っても聞かないだろうが、はしゃぎ方自体は道頓堀川に飛び込む以外にもいろいろある。警官ににらまれてまで飛び込む意味もない。

こんなふうに、たまたま状況によって意味がついてしまったものから、その意味を剥がすのは、それほど難しくない。

ちなみに、5000人以上が川に飛び込んだ2003年。私は学会出席のため、東京に出張中だった。学会は次の日もあったが、優勝が決まったのでいったん大阪の家に帰り、テレビで優勝の模様やビールかけの中継を堪能した（東京では中継は放映されない）。新聞も記念に買って、翌日東京に戻った。道頓堀川には飛び込まなかったが、このくらいのことはやらせていただくのである。

なにせ、2003年は「これを逃したらもう一生、阪神は優勝しないかもしれない」と思っていたので真剣だった。実際はすぐ2005年にも優勝して「なんだそうでもなかった」と思った……が、そこからまた18年待った。長かった。さて、次はいつなのだろう。

夫婦別姓賛成派が２０２２年に「減った」理由

状況の力というと大きな外的圧力のようなものを思い浮かべるかもしれないが、もっとささやかな状況も人々の心や行動に影響を与える。たとえば、調査をするときの「聞き方」がそれだ。

内閣府は毎年さまざまな世論調査を行っている。その中で、夫婦別姓制度について賛成か反対かという意見調査も実施された。その結果、２０２１年から２０２２年にかけて集められたデータでは、夫婦別姓制度について賛成しているのは28・9％という結果となった。２０１７年の調査では賛成が42・5％だったのに、かなり落ちている。28・9％というのは過去最低の値だ。

この結果に、「あれ?」と思った人もいるのではないだろうか。時代とともに多様性が重視されてきている。２０１７年までは賛成派が増えていた。それなのに、ここ

図2　「家族法制に関する世論調査」における「聞き方の変更」による変化

旧版
（2017年実施）

1. 法律を改める必要はない
2. **夫婦が婚姻前の名字（姓）を名乗ることを希望している場合には、夫婦がそれぞれ婚姻前の名字（姓）を名乗ることができるように法律を改めてもかまわない（42.5％）**
3. 夫婦が婚姻前の名字（姓）を名乗ることを希望していても、夫婦は同じ名字（姓）を名乗るべきだが、婚姻によって名字（姓）を改めた人が婚姻前の名字（姓）を通称としてどこでも使えるように法律を改めることについては、かまわない

・並び順が2番目から3番目へ
・選択肢の内容も変化

新版
（2021～2022年実施）

1. 夫婦同姓制度を維持した方がよい
2. 夫婦同姓制度を維持した上で、旧姓の通称使用についての法制度を設けた方がよい
3. **選択的夫婦別姓制度を導入した方がよい（28.9％）**

出典：小林・三浦（2022）に基づいて作成

4～5年のうちに何が起きたのだろうか。社会心理学者としては、人々の心が変わったことを疑う前に、状況、つまり調査の仕方が変わったのではないかと疑った。

そこで、2017年の調査（旧版）と、2021～2022年の調査（新版）を見比べてみると（図2）、「選択的夫婦別姓制度導入に賛成する」という選択肢の位置が違っていた。旧版は3つのうち2つ目にあるが、新版は3つ目、つまり最後にある。もともと日本人は「中庸な点を選びやすい」傾向がある。それゆえ、特に強い意見を持っていない人は、3つの選択肢の真ん中にあるものを選びやすかった可能性がある。

さらに質問の文言も違っていた。旧版は長い。長いうえに、「（夫婦別姓を名乗れるように法律を改めても）かまわない」という表現になっているが、新版は「（夫婦別姓制度を）導入した方がよい」という強い表現になっている。

その他の違いとしては、新版では夫婦の名字・姓に関する参考資料として表が添えられていた。

継続的に調査をしていく世論調査は、人々の気持ちや行動が時代によって変わっていく様子を捉えることができるが、このように調査の条件を変えた場合、変わったのが人々なのか、調査の仕方（＝状況）なのかを判断するのが難しい。

何が調査に影響したのかを調べる

そこで私たちは、時代を変えず、同じ時期に聞き方の言葉（ワーディング）を変えた調査を実施したらどうなるのか、という研究を行った。これならワーディングによる違いだけを調べることができる。

図3がその結果だ。旧版と新版のワーディングを比較すると、旧版のほうが別姓の

図3　旧版と新版のワーディングを比較した研究

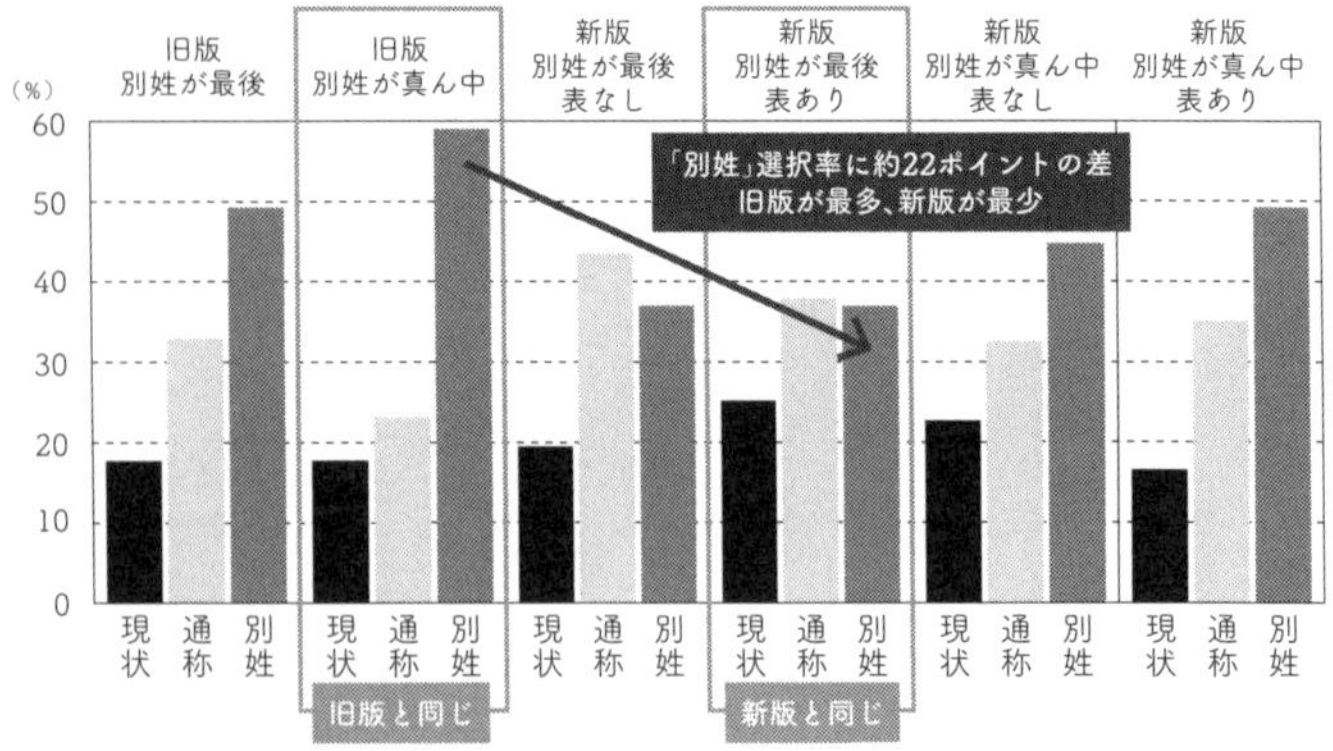

出典：小林・三浦（2022）に基づいて作成

選択率が高くなることが分かる。また、他の条件が同じである場合、別姓に賛成する選択肢が3つの選択肢の真ん中に提示される場合のほうが、最後に提示される場合よりも選択率が高くなる傾向が見て取れる。

一方、表の有無はあまり大きな効果を持っていなかった。統計的にも有意ではない。

新旧のワーディングの違いで別姓選択率が13～15ポイント程度落ち、また別姓を最後に置くことで8～12ポイント程度落ちる。この両者が組み合わさることで、旧版と新版の22ポイント程度の「急落」が生じるという結果になった。

この研究は、朝日新聞デジタルの内閣府世論調査特集記事に触発された社会心理学者の小林哲郎さん（早稲田大学政治経済学術院教授）の発案だ。私はそれに乗っかった形になる。調査にはある程度習熟しているつもりの私たちでも、こんなに減るものかと驚いた。

ワーディングそのものについては、旧版より新版のほうがシンプルで分かりやすく、改善と言えなくもない。したがって、変更そのものに問題があるとまでは言えないが、２０１７年調査と２０２１～２０２２年調査の差異を「別姓制度に対する世間の支持が低下した」と解釈することはできない。今後はできるだけ、２０２１～２０２２年調査のデザインを維持して長期的な変化を捉えられるようにすることが重要である。

しかし、さっさと夫婦別姓を導入してくれないだろうか。別に全員に別姓を強制するわけではないのに、なぜ反対するのだろうか。運転免許証の表書きに「三浦麻子」を括弧書きで入れる手続きに、平日午後のワーキングタイムをつぶされた身としては、夫婦別姓制度さえ整っていれば……と恨み言を言いたくもなるのである。

COLUMN

心理学用語と上手に付き合う方法

世間を騒がすような事件があったときにマスメディアの方からの取材で最もよく出る質問は、「これって社会心理学で言うと、どういう現象なんですか」だ。すべてに答えることは難しいが、一応、社会心理学の用語で説明できることもあるので、何とか効果だとか、何とか現象だとか、お答えする。そうすると、相手は「なるほど、そうですか」と納得してくれる。しかし、いったい何に納得したのか、謎である。

人間の困った性質や、合理的でない行動をとってしまう傾向に興味を持ってもらえるのは、社会心理学者として嬉しい。しかし、せっかく興味を持ってもらえたのなら、その現象がどういう状況で起こりやすいのかまで知ってもらいたい。人間にはこういう心の特徴があるからということだけでなく、どういう状況がどう発動してどうなるのかまで説明しないと、社会心理学者としては気が済まないのだが、それをマスメディアで伝えようとすると、「長い」と言われてしまう（もしくは何も言われずに発言をカットされてしまう)。

用語を知っているだけでは、その現象にアプローチすることはできない。

たとえば、人通りの多い中で犯罪が起きても誰も助けなかった。それがメディアで「傍観者効果」という現象だと報道されたとする。しかし、それだけで終わってしまったとしたら、その言葉を知る人がいくら増えても、もう一度、同じようなことが起き得るだろう。ほらほら、やっぱり起きましたね、人間の心理傾向だから仕方ありませんね、ということで終わってもいいのだろうか。

現象を知ると、できることがある

私たちは、プログラム通りにしか動けない機械ではない。認知資源を使っていないときは状況の力に大きな影響を受けてしまうとしても、しっかりと認知資源を使えば自分の行動や心を観察して修正することができる。どういった状況で起こるのかを知っていれば、傍観者効果を打ち破る状況を思いつくこともできる。たとえば傍観者効果は、他に人がたくさんいて、自分以外の誰かが助けてくれそうだと考えてしまう状況が効果発動のキーになるので、誰かひとりを指名して「あなたがやってください」と告げれば、指名された人は傍観者の心情ではいられなくなり、傍観者効果は解除される。

もちろん、だからといって、その人が助けてくれるかどうかは、分からない。別の理由（たとえばその人が薄情な性格だったとか）で、助けてくれないこともある。だが、社会レベルでいえば、困っている人が助けられる確率は増すだろう。

現象や傾向に名前がつくと、これまでバラバラに思えていた物事につながりが見えて、データを集めやすくなる。ただし、そういった心理学研究によって実証された用語と、誰かが単に名付けちゃっただけの名前が混同されてしまうと、ちょっとややこしい。

実証的裏付けがあってつけられた現象名は、データを集めたり実験をしたりすることで、こういう状況では人はこのような行動をとる傾向がありそうだということがある程度は見出されている。

一方、世間に流布する流行語のようなものは、必ずしも実証的裏付けがあるわけではない。それを実証された現象と同じように扱ってしまうと、間違った決めつけや偏見を生んでしまうこともある。

実証に基づく現象名なのか、そうでないのかをパッと見分けることは、ほとんどできないだろう。じっくりモードを働かせて、誰が言っているのか、どんな根拠をもとに主張しているのかを確かめるしかない。

とはいえ、実証されていない現象名に意味がないと言っているわけではない。そういうことがよくあるよね、と見出されて名付けられた以上、本当に実証できる可能性は十分にある。

成句やことわざは「そういうことよくあるよね現象」を表したものだが、たとえば、「二兎を追うものは一兎をも得ず」は本当なのか、と調べてみることは研究のテーマになり得る。いったいどういう方法で実証するか、そこは心理学者の腕の見せ所だ。

本書では研究の具体的な手続きもいろいろ紹介している。結論だけでなく、心の働きというあいまいなものを測定するために、社会心理学者があの手この手で工夫をしている様子も一緒に楽しんでもらえたら、著者冥利に尽きる。

第2章

リスクや利益を正しく見積もれる

なぜ「コロナはただの風邪」と主張するのか

コロナ禍において、よく「コロナはただの風邪」という主張を見かけた。「ただの風邪」が何を意味するのかははっきりしないが、少なくとも、人類の誰もが抗体を獲得していないという未知のウイルスだったし、感染して重症化したり亡くなったりする人も大勢いたのだから、私たちが日常的によく罹患する風邪とは違うものであることは、誰の目にも明らかだった。

得体が知れないものなのだから、警戒して対策をしたほうが得である。だけど、コロナはただの風邪だと主張する人たちは、彼らなりの利益があって、そう主張しているのだ。彼らはワクチンを打ちたくない。もしくはマスクをしたくない、行動も制限されたくない。だが、コロナが未知の警戒すべき感染症であれば、きちんと対策をとる必要がある。対策をとりたくないけれどコロナは怖い。矛盾した思いが自分の中に生じて葛藤が生み出される。これはあいまいで不快な状態だ。

その不快さを解消する発明が「コロナはただの風邪」という認知である。ただの風邪ならワクチンを打つ必要も、マスクをする必要もない。

このような現象を、心理学では「認知的不協和の解消」と呼ぶ。

認知的不協和を解消したい私たち

認知的不協和とは、この例で言えば、コロナはリスクが高いから対策をしなくてはいけないという認知と、対策をしたくないという認知が、両立せずにぶつかりあっている心の状態のことを指す。

この概念を提唱したアメリカの心理学者レオン・フェスティンガーは、不協和の存在は、心理学的に不快なため、不協和を減らす何らかの試みを行うように人を動機づけるのだろうと考えた。その方法のひとつが、矛盾する要素の一方を変化させることだ。先の例なら、「コロナは未知の危険な感染症」という要素を、「コロナは危険のないただの風邪」に変化させるのである。

認知的不協和を解消するために態度を変える例は、身の回りにいくらでもある。きっとあなたも最近の生活を振り返ってみれば、一度や二度は、やっているはずである。

◎ダイエットをしているはずなのに、おいしそうなケーキを見つけて、「頑張った自分へのご褒美」という理由をつけて食べてしまう。

◎体に悪いからタバコをやめなくてはと思っているのに我慢できず、ストレスが溜まるから吸わないほうが逆に体に悪いと思う。

◎高い受講料を払って受けたセミナーがつまらないと感じたが、高い受講料が無駄になったと思いたくないので、自分の受け止める力が足りないのだと思う。

◎阪神とのコラボグッズである手ぬぐいを買いにいったのに売り切れていたので、そもそも手ぬぐいなんて使わないし、ほしくなかったと自分に言い聞かせる。

◎阪神の負けが続いた年は、9月以降、野球というスポーツがこの世に存在しないことにする。

（最後2つは、私の例である）

いずれにせよ、ここに挙げたような例ならば、特に大きな害はない。人間とはそういう生き物なのだ、と生暖かい目で見てやろうという気にもなるだろう。

不合理な行動から生まれるリスク

しかし、このような態度が、時には大きなリスクにつながることもある。先述した「コロナはただの風邪」も、本当はリスクがある感染症をリスクがないと誤認知することで、コロナにかかりやすい行動を起こし、自らをリスクにさらしてしまう。

特に、ＡかＢかどちらをとってもリスクがあるが、どちらかを選択しなくてはいけないという状況のときには、感情も揺れ動くので冷静ではいられなくなり、せっかちモードが作動しやすくなる。さらに、あいまいさに耐えられない人は、早くその葛藤状態から逃れたくて、妥当ではない別の選択肢に飛びついてしまい、自らをさらに大きなリスクにさらしてしまう。

傍から見ればそんな愚かなことを、と思うような行為でも、本人はいたって大真面目である。「自分は今、認知的不協和の解消を行っているぞ」と自覚しながら行動しているのは、私のような心理学オタクだけであって、多くの人は無自覚に行っている。

自分が合理的でない行動をしているかもしれないと気づくには、この認知的不協和の解消という現象を知ったうえで、あいまいさに耐えることが必要になる。せっかちモードがどこかから持ってきた答えで葛藤をさっさと解消しようとしたら、「ちょっと待てよ?」と、踏みとどまってみる。そもそも簡単に解決できるようなら、最初から悩んでいないはずだ。本当にその答えが自分の利益にかなうのか、じっくりモードを起動して考えてみよう。

私たちはリスク対処を人任せにして生きている

コロナワクチンの中にマイクロチップが入っていて、ワクチンを打ったら監視されてしまうといったうわさが出回ったのをご存知だろうか。ワクチンを打つと5Gに接続されるというううわさもあった（ちょっと便利な気がする）。そんなはずがあるわけないと笑う人たちも、コロナワクチンは安全で有用であるということを自ら確かめたわけではない。プロの科学者たちの見解をそのまま信じているだけである。このような状態を「リスク対処の代理人状態」と呼ぶ。

技術を把握していないと、そのリスクを正しく考えることもできないが、科学技術が発展し、すべての技術を把握することは不可能になった。リスクもその対処法もあいまいである。しかし、プロの代理人にリスク対処を託して、彼らを信じてしまえば、あいまいな状態は解消される。

ただし、その信頼の根拠はあいまいである。大企業だからとか、権威のある機関の研究者だからとか、長年続いてきたからとか、多くの人が信じているからとか、そういったところであろう。

なぜリスク管理を人任せにしてはいけないのか

自分が判断するのを放棄すれば、気持ちは楽になるかもしれない。しかし、代理人に任せて安心しきってリスクがゼロになったと信じている人は、許容できないリスクが発生したときに大きなショックを受けてしまう。裏切られたと感じる人もいるだろう。もう代理人には任せておけないと考えて、その反発から、合理的ではない方法を選んでしまうこともある。

代理人に任せたとしてもリスクはゼロになったわけではない。代理人が常に完璧に安全を守れるわけではないことを理解したうえで、リスク対処を任せていると考えれば、何かが起きたときも冷静な判断ができるはずだ。

たとえるなら、取引経験豊富な証券会社の担当者にお金を預けても、減るときは減るといった感じだろうか。だからといって、自分でやろうと思ったら、情報を集めて時間をかけて勉強しなくてはならないうえに、もっと減る可能性もある。それが嫌なら、そもそも投資はしないほうがよい。投資はするかしないか選べるが、リスクが嫌だから生きるのをやめるというわけにはいかない。

どこまで任せて、どこまで自分で考えるか。本当に安全に生きようとすれば、面倒くさい問題に直面するのである。

正しく恐れることが難しい理由

私の研究室の大学院生だった山縣芽生さん（同志社大学文化情報学部助教）の発案で、私たちは、世間がコロナの存在を知った直後の2020年1月以来、2024年3月までの30回にわたって、コロナ禍での社会心理について、パネル調査を行った。パネル調査というのは、同じ人々に定期的に同じ質問への回答を求めて、時間的な変化を分析する調査だ。

2021年7月末までの結果が、図4だ。これを見ると、国内にまだウイルスが入り込んでいなかった時期から1年半が経過しても、リスク認知は高い状態を保っていて変化はない。

感染者が増えたのは「気の緩み」であるとよく言われていたが、データはむしろそ

図4 新型コロナウイルス感染症に対するリスク認知の時系列変化

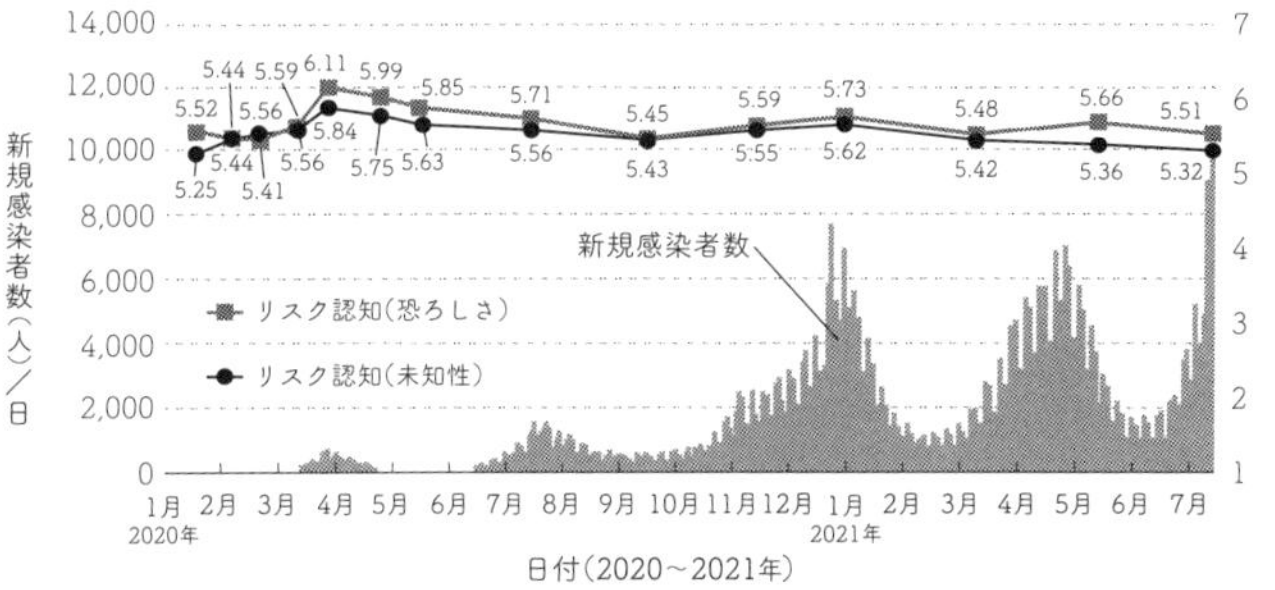

出典：阪大_COVID-19禍心理・行動・態度推移グラフ
http://team1mile.mydns.jp:8080/handai-covid19/

れを否定するものであった。

コロナをリスクだと感じていないわけではない。だが、緩めることができない状況に長く置かれたがゆえに、伸びきってしまったゴムのようになり、結果的に行動の抑制が効かなくなってしまったのかもしれない。

過去の記憶が歪められる「回顧バイアス」

ところで、2021年1月に最初の研究成果として、2020年3月までのデータを分析した論文をある学術誌に投稿したとき、大変印象深い審査コメントを受け取った。曰《いわ》く「感染者がほとんどおらず、まだ状況が深刻でなかった当時のデータを分析して、感染禍の社会心理の何が分かるのか」と。

いや、そんなことはなかったですよ？

このコメントを受け取ったときの衝撃が、私たちに新たな研究への着手を決意させた。それは、「回顧バイアス」の研究だ。

バイアスとは偏りのことで、回顧バイアスは、過去の出来事の記憶が時間の経過とともに歪み、事実とのギャップが生じる心理傾向だ。この審査コメントは、「今でこそ大きな脅威となっているコロナだが、流行当初は大したことがなかった」という回顧バイアスのあらわれではないかと考えた。

たまたま私たちは、2021年1月に行うパネル調査に、次のような質問を加えて、7段階（1全く関心がない～7非常に関心がある）で評価してもらっていた。

◎昨年（2020年）1月頃のあなたは、新型コロナウイルスの流行にどの程度関心がありましたか。

図5　新型コロナウイルスへの認知の比較

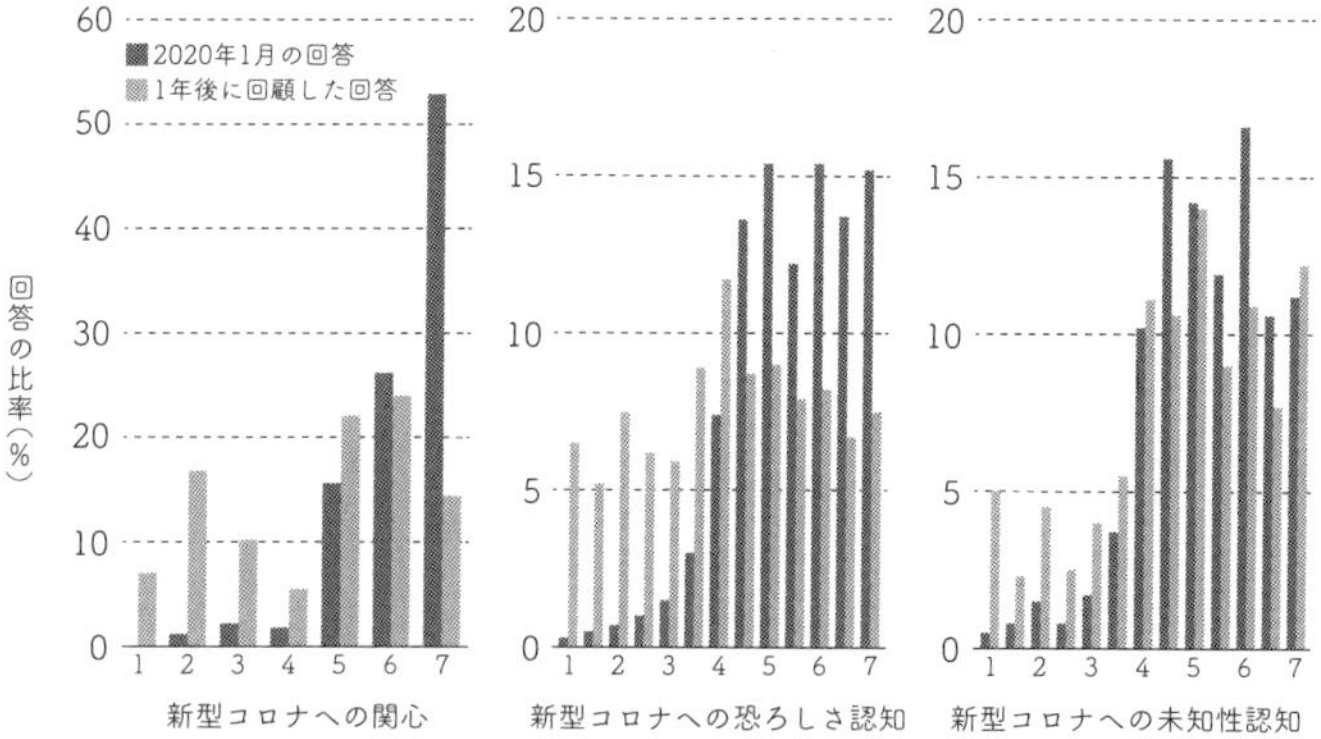

出典：Yamagata & Miura（2023）に基づいて作成

これを使えば回顧バイアスの検討ができると考え、同じ回答者たちが２０２０年１月に回答していた「現在の心理」のデータと比較した。選択肢は同じである。

◎あなたは、新型コロナウイルスの流行にどの程度関心がありますか。

また、コロナをリスクとして捉えた場合に、どの程度恐ろしいと感じるか、どの程度未知のものだと感じるかについても、２０２０年１月の回答と1年後の回顧を比較することで同様にバイアスを検討した。その結果を示したのが図5だ。どの項目についても、コロナ禍に関する社会心理は、

2020年1月時点でかなり高い緊張状態だったことが分かる。一方で、それを1年後には過小に回顧していることが示されている。

緊張状態が続きすぎると行動の抑制が効かなくなるし、過去の脅威は「喉元過ぎれば熱さを忘れる」がごとく過小に見積もってしまう。このような心の働きは、恐怖や不安などの強いネガティブ感情は積極的に忘れて、なるべく健康に生きるためには役に立っているだろうが、リスクの見積もりに関しては不利に働いてしまう。正しく恐れ、正しく対策を行うことは、本当に難しい。

受け取った当時は「何言うてんねん、わけわからんわ」と思った審査コメントだったが、新しい研究をするきっかけを作ってくれたわけだから（このようにネタにもするけれど）、感謝もしている。

人の心はバイアスだらけ

2022年度から高校で「総合的な探究の時間」という授業が新たに必修科目となった。教科横断的に、生徒たちが自分で課題を見つけて、探究していく授業である。先日訪ねた友人には高校生のお嬢さんがいるのだが、生徒の多くは心理学に関心があって、探究のテーマでも多く取り上げられているらしい。「何か面白いことはあった？」と聞いたら「人間の心ってバイアスばっかりなんだなって」との答えだったので、「優勝！」と思った。「えらい！　おばちゃんはただそのことを伝えるためだけに社会心理学について語っていると言ってもええんやで」と思わず熱弁を振るったのであった。

人の心はバイアスから逃れることはできない。私たちが現実だと認識しているものはすべて、私たちのバイアスを通した世界である。私たちはかなり努力をしないと世界をありのままに見ることはできないのである。

人間はかなり偏った目で物事を見ているが、そのことに気がついていない。何を見るにも、何を考えるにも、すでにバイアスは組み込まれている。バイアスから逃れるためには、バイアスの存在を知ったうえで、じっくりモードを働かせて修正するしかない。もちろん、知っているからといって逃れられるとは限らないが（前節の論文の査読者は当然、回顧バイアスという現象を知っていただろう）、知らないよりはバイアスに惑わされにくくなるはずだ。

というわけで、リスクや利益を正しく見積もることを阻害するバイアスを、これから2つ紹介しよう。

リスクを見誤らせる「正常性バイアス」

「正常性バイアス」とは、災害や事故や病気など、危険な状態が迫っているのに、それをいつも通りの正常な日常生活の延長線上の出来事だと捉えてしまい、自分は大丈夫などと過小評価してしまう心理傾向のことだ。

正常性バイアスがかかった状態で判断すると、災害で逃げ遅れる原因になったり、健康診断の結果を無視して精密検査をせずに治療が手遅れになったりなど、リスクの見積もりに失敗することがある。

自分に危険が及ぶ可能性があるのなら、逃げたり対処したりするほうが得なのに、なぜこんなことが起こるのだろうか。それは、実際にそんなことが起きたら、怖くて不快で嫌だからだ。本当に起きたら……と考えると心理的葛藤が起こる。あいまいで不安定な状態になる。リスクの可能性に実際に対応するためには、そのリスクが起きたらどうなるかをしっかり考えなくてはならない。怖さと向き合う必要がある。

向き合うのは嫌、でも死ぬのも嫌。そうなると、認知的不協和が生じてしまう。このあいまいではっきりしない状態に耐えて冷静に判断できれば、危険に向き合う恐怖より、死ぬほうが嫌だと判断できるので、避難などの適切な行動をとることができる。しかし、判断は急いで行わないといけない。そのうえ、動揺して感情も動いている。そんなときにはじっくりモードは登場しにくい。普段、自分は合理的だと思っている人こそ、「いやいや、今回は大丈夫だろう」と考え、それがせっかちモードの罠だとは思わずに、自分は冷静な判断をしたと思い込んでしまう。

利益とリスクでは同じ確率でも行動は変わる

もし、今すぐ地下に避難したら1%の確率で1千万円をもらえるよ。そんなふうに言われたら、あなたは避難するだろうか。1%なんてかなり低い確率だが、宝くじ2等（1千万円）が当たる確率約0・00004%に比べたら、ずっと高い。このくらいの確率なら万が一、当たったらラッキーだから、とりあえず避難しておくか、と考える人は多いのではないだろうか。

一方、1%の確率で隕石が落ちるから今すぐ地下に避難せよと言われたら、どうするだろうか。99%の確率で隕石は落ちないだろうし、落ちたとしても、大したことはないかもしれないし、逃げなくてもいいんじゃないかと思ってしまうのではないだろうか。

1千万円のときと違って、もし隕石が落ちたらアンラッキーだから、とりあえず避難しておこう、と考えないのはなぜだろうか。1千万円か命か、と言われたら命のほうが大事なはずなのに（死んだらお金は使えないし）。

1千万円と隕石の違いは、後者は考えたくない不快な状況で、正常性バイアスが働いてしまうということだ。

正常性バイアスが働いていそうな場面に出くわして、時間的余裕がある場合だったら、1千万円なり1億円なり、自分がワクワクするものに置き換えて考えてみると、自分が正常性バイアスに影響されているかどうかの参考になるかもしれない。たとえば、健康診断で要精密検査という結果が出て無視したくなったとき、精密検査をしたら怖い病気が見つかる、のではなく、1億円もらえる可能性があるとしたら、自分はどう行動するか。「可能性は低いけど一応行ってみようかな」と思ってしまったのなら、最初に下した無視するという決断を疑ってみてほしい。

イメージが波及する「ハロー効果」

「ハロー」というのは挨拶ではなく、聖人の頭に輝く光輪のことだ。相手に何か目立った良い特徴があると、それに引きずられて他のことまで良く思えてしまう認知バイアスを「ハロー効果」という。これは具体例を挙げたほうが分かりやすいだろう。

◎いい声の人の話は、何だか信頼できる気がする。
◎高いスーツを着て身だしなみもきっちりしている人が行うことは、正しい気がする。
◎トップアスリートがビールをおいしそうに飲んでいるCMを見ると、思わず買ってしまう。
◎美形モデルが使っている化粧品を使うと、美しくなれるような気がする。

世の中のCMのほとんどは、このハロー効果を利用している。

信頼についての研究を多く行っている鈴木敦命さん（東京大学大学院人文社会系研究科准教授）が2018年に発表した論文は、ハロー効果を実験的に観察している。

65歳から79歳の高齢者36人と、19歳から30歳の若年者36人を対象に、お金の投資を模した心理ゲームをしてもらった。実験参加者には、コンピュータ画面に現れた16人の顔写真をひとりずつ見て、外見の印象から持ち金を投資するか否かを決めてもらう。しかしこの16人のうち、半数は投資したお金を倍返ししてくれる良い人で、半数は預けたお金を横領してしまう悪い人という設定。実験参加者はゲーム上で投資が報われたり裏切られたりする。

高齢者が相手の見た目に影響されやすい理由

その後、参加者に16人とゲームに登場しなかった新たな8人を加えた写真をひとりずつ見せ、その人が良い人か、悪い人か、ゲームに登場しなかった人かを回答してもらった。回答を解析した結果、次のようなことが分かった。

◎高齢者は顔の外見で良い人か悪い人かを判断する傾向が強い。
◎高齢者は投資ゲームで裏切られた相手に対しても、外見での判断を優先させていた。
◎若年層にこの傾向は見られなかった。

なぜ高齢者のほうが見た目に弱いのか、ここまで紹介した、人の心の傾向から推察してみよう。ヒントは認知資源だ。

ハロー効果に限らず、多くの認知バイアスは、それがあるおかげで認知資源を節約できるという大きなメリットがある。しっかり判断しようと思ったら、たくさんの情報を集めて処理する必要がある。つまり、認知資源をたくさん使う。だが、外見をパッと見て「高いスーツを着ている」とか「顔が整っている」とか「声がいい」とか「権威のある肩書がある」とか、分かりやすい特徴で信頼できるかどうかを判断できれば、一瞬で済む。

この研究だけでは高齢者が見た目で判断しやすい理由を結論づけることはできないが、一般論として加齢とともに身体機能は衰える。脳もまたしかりで、使える認知資源は若いときよりも少なくなる。節約しようとしなくても、使える資源が減少しているので、じっくりモードを作動させにくいのかもしれない。

リスクや利益の見積もりに関係する認知バイアスは他にもいろいろあるが、あとは興味をもったら調べてみてほしい。認知バイアスがあること自体は、人間だから仕方がない。というか、むしろ、ないと日々の生活に支障が出るレベルで困るだろう。だいたいのことはバイアスまみれのせっかちモードで処理して生きていける。だけど、大きなリスクや利益に関わる判断に関しては、認知バイアスを解除して、自分にとって本当に最善の判断かどうかを、じっくりモードで考えてみよう。

行動経済学と心理学の微妙な？関係

以前、学部生に「どんな人が社会心理学研究室に向いていると思うか」と尋ねたら、「自分を卑下したり自分探しをしたりするようなネガティブな人は、社会心理学を学ぶのに向いている」という回答があり、考え込んでしまった。

「そんなに私が暗い人間に見える？」と言いたくなってしまったが、どうも世間では心理学は「病んでいる人を対象にしている学問」というイメージが強いらしい。しかし実際のところ、社会心理学が対象にしているのは、特に心理的な問題で困っていない人たちだ。自分を含め、身の回りの人たちの心の働きを探究する学問なのだから、もっと多くの人が関心を持ってくれてもいいのではないか。心理学という名前が悪いのか。ユングやフロイトが有名すぎるのか。

一方で、心理学とは名乗っていない「行動経済学」は、ビジネスの文脈で人気を得ているようだ。

行動経済学は、社会心理学を経済分野に応用したもので、社会心理学の一分野と言ってもいいのに、親の名を捨て、経済学に颯爽と登場した新星として華々しく活躍している。子の成長は嬉しいが、親の心子知らずと言いたくなるときもある。

人はどのように将来を予測しているか——「プロスペクト理論」

あるとき、とある論文の草稿を確認していて「行動経済学のプロスペクト理論」という文言に思わず血相を変えてしまった。しかもそれを書いたのは、社会心理学者ではないにせよ、心理学者のはずの人。確かに、プロスペクト理論が経済学に応用されたことが行動経済学の先駆けではあって、その意味では行動経済学を語るのにプロスペクト理論は欠かせない。だが、心理学の論文に「行動経済学のプロスペクト理論」と書かれるのは我慢ならなかったし、心理学の論文に「心理学のプロスペクト理論」と書く必要はないので、削ればいいよねという穏当な結論に到達し、一生懸命心を落ち着かせてから「『行動経済学の』はいらなくないですか?」とコメントした。

プロスペクト理論は、行動経済学という学問の先駆けとなった心理学者ダニエル・カーネマンと共同研究者のエイモス・トヴァスキーらの代表的な理論のひとつだ。プロスペクトというのは英語の「prospect」。見通し、予測という意味で、人が将来を予測するときにどういう法則に基づいて行うかを予測する理論である。

カーネマンらは、人が将来を予測するときには、「確率に対する人の反応は線形ではない」と、「人は富そのものではなく、富の変化量から効用を得る」という2つの認知バイアスが組み込まれていると主張した。

ものすごく乱暴に説明すると、人は将来を予測するときには簡単な数学ができなくなるということだ。たとえば、次の条件であなたはどちらを選ぶだろうか。

①90万円が無条件で手に入る。
②90％の確率で100万円が手に入る。

①は確実に90万円をもらえるので、期待値は90万円だ。一方、②の期待値は100万円×0・9なので、やはり同じ90万円である。①も②も期待値は同じだが、

①を選ぶ人のほうが圧倒的に多い。

次の条件はどうだろうか。

③90万円を無条件で失う。

④90％の確率で100万円を失う。

この場合は、先ほどの質問で①を選んだ人が、今度は④を選ぶ傾向があることが分かっている。同じ90％の確率でもお金を得るのか失うのかで、行動は変わる。これも認知バイアスの一種で、「損失回避」と呼ばれている。得るよりも失うほうが強い感情を経験するため、今手にしているものを失うことに対して敏感になり、それを回避しようとする心理傾向だ。

人間は合理的に行動しない

人間を「経済合理性に基づいて自己の利益を最大限に考え、そのために常に合理的な判断で一貫した行動を、将来にわたってもぶれることなく行う」ものとして考えていた古典的な経済学に心理学の観点を取り入れ、人間は合理的に行動しないと異を唱えたのが行動経済学だ。だが、社会心理学はずっと前から、合理的ではない人間を研究していた。行動経済学の成り立ちに思いを馳せると、むしろ、「なぜ合理的だと思っていたのですか」と経済学者たちに問いたくなる。

2024年3月27日にカーネマン氏が死去し、翌日に訃報が流れた。享年90。ほぼ最期まで現役の研究者だったのはすごいと思う。見習いたい。

ニュースを見ていてふと気になったのが、「心理学者でありながらノーベル経済学賞を受賞した」と書いてある記事がいくつもあったことだ。ありながらって、どういう意味よ。経済というのは、まさに人間の営みなのにその学問の賞を心理学者が取るのがどうして意外なのか……と、ノーベル経済学賞を受賞したときの報道でも思ったが、やっぱり今回も同じことを思った。20年経ってもまだ、「ありながら」なのは、何だかなあ。まあ、ちゃんと心理学者だとみなしてくれてるんだからいいか。

ちなみに「人々を笑わせ、考えさせた研究」に与えられるイグ・ノーベル賞では、心理学の面白い研究が毎年のように受賞している。

心理学賞という賞が設けられるときもあるが、人や動物の行動を対象にした研究が心理学賞ではない名前の賞を取ることもたびたびある。

たとえば、天橋立の股のぞき効果を実験で示した研究に与えられた「知覚賞」や、ヨウスコウワニにヘリウムガスを吸わせて声の変化を調べる研究に与えられた「音響学賞」などである。受賞したのはどちらも日本の研究者で、前者はかつての同僚、後者は現在の同僚だ。

こんな楽しい研究に興味が湧いた人は、イグ・ノーベル賞の受賞研究の一覧を眺めてみてください。

第3章

人間関係がうまくいく

心理学を学べば他人の心が読めるか

卒論生にこんな質問をされたことがある。

「就活で面接担当者によく『心理学を専攻しているんですね。じゃあ私の心が読めますか?』と言われて答えに困る。どう答えたらいいでしょうか」

確かに困る。どう答えればいいだろうか。

「今あなたは、『心理学なんて学んでも仕事の役に立たないだろう。人の心が読めるというのなら話は別だが、そんなことできるはずはないし』と思っていますね?」

……と答えたところで、面接担当者の心証を悪くするだけで、採用判断にプラスに働くとは思えない。

心理学を専攻していると心が読めるのかと聞かれたら、私は「読める」と答える派だ。「心理学を20年くらいやると、人の心がみるみる読めるようになるんですよ」と身を乗り出して熱弁を振るうと思う。けれど、そもそも私にそんなことを尋ねる人がいない。

心理学者の中には、「心理学を学べば心が読める」という意見に怒る人もいる（ということを面接担当者が知っていたとしたら、その人は就活生をわざと怒らせて反応を観察しようとしていたのかもしれない）。人の心が完全に理解できるということはありえないし、分かれば苦労して心理学なんてやらなくていいわけで、そんなに簡単に考えるなと言いたいのだろう。しかし、「心理学を学べば、人の心が読めるなんて思わなくなる」なんて否定的なメッセージを出してしまうのは、ちょっともったいないと思う。

もちろん人の心のすべてが分かるなどとは考えていない。「読める」というのは「予測する」という意味だと私は解釈している。自然科学だと九割九分九厘以上の精度で現象を予測できることもあるので、それと比べるとかなり精度は劣るが、予測が当たる確率が偶然より少しでも高ければ、役に立つことは結構ある。

心理学を学べば予測精度が上がる

心理学を学んで何が分かるのかを説明するときに、イチローの打率を引き合いに出していたことがある。イチローは天才的なバッターだが、その打率は約3割だ。野球をまったく知らない素人《しろうと》からしたら、「たった3割しか当たらないの?」と思うかもしれないが、イチローがメジャーリーグで華々しく活躍していたのは周知の通りである。

私はよく、夫の行動や考えていることを言い当てる。そして、夫に驚かれる。驚くということは、彼は普段そういうことを意識していないということだ。とはいえ、夫も私の行動や思考をよく言い当てる。夫はバリバリの理系で、心理学の知識はないに等しいのだけれど、長く一緒に過ごしていれば、データがたくさん蓄積して、予測の精度は上がっていくのだろう。人は心理学を教わらなくても生まれながらにしてアマチュアの心理学者なのである。もしより本格的に人の心の傾向について学んでいけば、さらに予測精度は上がっていく。

この章では、あいまいさに耐えられないことが人間関係にどう影響しているのかを紐解いていくが、その知識をどう使うかはあなた次第である。理解しがたい相手の行動がどういう心理から生まれているのかを予想できれば、良好な関係になれるようにうまく立ち回ることができるかもしれないし、関係を築きたくないほど嫌な相手であれば、人間の心理のサンプルのひとつとして冷静に眺めることで、ほどよい距離を保てるようになるかもしれない。

私自身は、自分を取り巻く人間関係にはあまり興味を持たないようにしているので(仕事で接する人たち、特に自分よりキャリアが浅い学生さんたちと仕事を離れた親しい関わり合いをもつことにはリスクもあるので)、悩んだこともあまりない。他人に期待をしていないので裏切られることもない。人の心は結構いい加減だなと知ると過度な期待をしなくなるので、そういう意味でも、心理学を学ぶと人間関係がうまくいくと言えるのかもしれない。

そんなドライな人生つまんない、という人は、「トラブル上等!」と覚悟して、果敢に人間関係のカオスへ飛び込んでください(笑)。

大事なときにいつも失敗する人の心理

全員が常にとは言わないが、他人に自分がどう見られるかは、多くの人にとって大きな問題である。そのため、ただただ「ありのままに」自分をさらけだして他人に評価を委ねている人は少ない。意識的であれ無意識的であれ、人には、自分はこう見られたいという願望があって、それを演出したり、それにかなう振る舞いをしたりしている。

他者から見られる自分の印象に影響を与えようとする行動を「自己呈示」という。自己呈示をすることで、人はメリットを得たり、デメリットを回避したりする。

では、私たちは、どんな自己呈示をしているのだろうか。まず、強さをアピールする場合と、弱さをアピールする場合があることを考えたい。強さのほうは直感的に理解しやすい。高価なブランドの服を着たり、偉そうに振る舞ったり、自分の年収をS

NSで喧伝《けんでん》したり、といった行為は、自分が能力のある人物であるという印象を他者に与えようとする、強さの自己呈示である（その効果のほどは、さておき）。

一方で、自分の弱さをわざわざアピールするのは、なぜだろうか。たとえば、日常的な場面で、心理的・身体的な調子の悪さを印象づけようとする場合や、必要以上に自分を卑下する場合である。または、自分がいかに不幸なのかという話を延々とする人もいる。自分の弱さを人に見せることのメリットとして考えられるのは、それによって相手に過度な期待を抱かせず、失敗したときのダメージを少なくするという防衛の機能だ。さらに、世間には「弱いものを助けるべきである」という社会的規範があるため、相手がその規範に従って行動してくれると、援助の手を差し伸べてくれる可能性がある。

弱さの自己呈示「セルフ・ハンディキャッピング」

弱さの自己呈示をするために、わざわざ自分で失敗をする人もいる。「セルフ・ハンディキャッピング」と呼ばれる行動だ。

たとえば、こんなエピソードがセルフ・ハンディキャッピングだ。

会社がDXの一環で最新の社内システムを導入することになった。明日は、その講習会だ。若い社員たちは楽しみにしていた。しかし、この会社の課長は自分が社内システムを使いこなせるようになるか、心配だった。講習を理解できなくて若い人にバカにされるかもしれないと不安でいっぱいになった。

講習会の当日、この課長は前日の夜にお酒を飲みすぎたせいで、ひどい二日酔いだった。頭がガンガンして気分も悪い。結局、講習の内容はちっとも覚えることができなかった。

講習を理解できる自信がないのに、二日酔いで臨んだらますます理解できなくなるのは自明のことだ。課長の行動は自滅的で非合理的に思えるだろう。しかし、本人にとってはメリットがある。「講習会を受けてもシステムの使い方を習得できなかった」という失敗の原因が、自分の能力のせいか、二日酔いのせいか、区別できなくなるからだ。

セルフ・ハンディキャッピングとは、自分が何らかの形で評価される立場にあり、その評価に見合うだけのパフォーマンスを発揮する自信がないときに、遂行を妨害する不利な条件を自ら作り出し、不利の存在を主張することである。

弱さを見せることにもメリットがある

この課長にとっては、「講習を二日酔いで受けるいい加減な人」という評価より、「新しい技術を理解する能力がない人」という評価のほうが嫌だったのだろう。しかし、その理由がどうであれ、システムの使い方を習得できなかったという結果となったわけで、合理的に考えれば、若い人より能力が劣っているかもしれないことが恥ずかしいという気持ちに向き合って、育った環境が違うのだから、ある意味、仕方がないことだと受け止め、万全の体調で講習に臨んで、少しでも分かるように努力したほうが、会社にとってもメリットがあるし、課長に対する周囲の評価も上がるだろう。

このエピソードの課長と似たような経験をしたことがある人もいるかもしれない。

そのときのあなたは、自分の能力が劣っていることをごまかすためにわざと失敗しようとは思っていなかったはずだ。せっかちモードがあなたを守るために、熟慮するまでもなくさっさとやってしまったことだからだ。

この先、これはもしかしてセルフ・ハンディキャッピングかもと思うことがあったら、その行動を今後も続けるのか、それとも長期的に見てもっとよい行動があるのか、考えてみてほしい。わざと失敗するよりは、全力で頑張ってできなかったときのデメリットを減らすことを考えてみるほうが建設的だし、前向きなはず。まあ、分かっていてもそれができたら苦労はしない……というのが人間なんですけどね。

他者の光を浴びて輝く「栄光浴」

　ことわざというのは誰が作ったのか分からないが、なかなか真理をついていることがある。「虎の威を借る狐」ということわざもよくできていて、心理学では「栄光浴」と呼んだりする。価値ある他者や集団の栄光を浴びることによって、自分も価値ある人間であると自己呈示する方略のことだ。

　ああ、うちの虎には常に威があるとは限らないんだよなぁ……という阪神ファンのボヤキは置いといて、応援しているチームが試合に勝ったら、自分のことのように喜ぶスポーツファンは、栄光浴に浸っている。

　他にも日本人科学者がノーベル賞を取ったら、日本中が喜んで元気になるのも栄光浴だ。賞を取ったのが大学などの研究者の場合、税金から研究費が支給されているので、日本に税金を納めている人なら自分の貢献もゼロではない。しかし、自分の税金がノーベル賞につながったというような動機で喜んでいる人はあまりいないと思う。自分と同じ日本人が、世界的な舞台で活躍することが嬉しい。そこにあまり論理性はない。日本の長崎で生まれ、小学生のときにイギリスに移住し、イギリスで作家活動をしているカズオ・イシグロ氏がノーベル文学賞を取ったときは、日本でも大きく話題になった。SNSには「日本人として誇らしい」と栄光浴をする人たちが溢れ、一方でそういう人たちに対して「イシグロ氏は英国人作家なのに」と批判する声も現れた。でも、そこまで批判することでもないかな、と私は思っていた。栄光浴をしたくなるのはしょうがない。人間だもの。そこ塞いだら、生きるの大変よ。

栄光浴の逆もある

世の中には、有名人と知り合いであることを自慢したり、家族の学歴を自慢したり、家の歴史を自慢したり、住んでいる場所を自慢したりする人がたまにいる。そういう人と出会ったときは、「それってあなた自身の評価と何か関係があるの?」なんて意地悪なことを聞いたりせずに、楽しそうに人の栄光を浴びているなあと思いながら、

「(他人のスポットライトで気持ちよくなれるなんて)すごいねえ」などと言ってあげれば、人間関係はうまくいくかもしれない。

栄光浴と逆に、価値のない他者や集団との縁を切ることで、自分の存在を否定しないようにする自己呈示の方略もある。たとえば私は、阪神が勝ったら栄光浴に浸かりまくるが、負けたときは阪神というチームが存在しなかったことにする。いや、野球というスポーツすら、この世に存在しないことにする。そうすることで、自分の存在を否定しないようにして、自分を守るのである。

人間関係の悩みを解決するために必要なこと

人間関係の憂鬱《ゆううつ》なあれこれを、心理学的に小難しく言うと「対人葛藤」という。日常の悩みの多くは対人葛藤に含まれるのではないだろうか。この節では、対人葛藤に直面したときにより良い方向に処理する方法を考えてみたい。

葛藤という言葉はここまでにも何度も出てきたが、改めて定義を確認しよう。葛藤とは、対立する欲求がほぼ等しい強さで同時に存在し、行動の決定が困難な状況のことだ。個人の中に現れた葛藤なら、ここまでで見てきたように、認知を歪めたり、欲求をすり替えたりして、論理的ではない解決方法でごまかして葛藤を解消することはできる。

しかし、自分と自分以外の他人の間で起きた葛藤は、そういうわけにはいかない。自分はごまかせても、他人はごまかせない。他人のごまかしも許せない。物事の捉え方や感じ方や欲求は人それぞれなので、そこに対立が生じるのは仕方がない。そして、対立によって起きた葛藤を解決するのが難しいのも仕方がない。うやむやにして解消するだけなら何とかなるけれど、解決となると、腰を据えて問題に向き合う必要があるからだ。

人間関係に悩んだら、まず必要なのは、対人葛藤は避けきれないとあきらめることだ。無理に避けようとしても避けきれないのに、避けられるはずだと思って頑張ってしまうと、無力感に陥ってしまう。避けられないとあきらめたうえで、対処のための具体的な方法を身につけていくほうが建設的だ。

そして、自分も含めて、人間は認知バイアスだらけであることを知っておくと、葛藤解決の役に立つだろう。

公平な判断を難しくする数々のバイアス

たとえば、人間の認知判断は自己利益の関心に影響されやすく、自分の主張や自分にとって有利な結果を公平なものと判断してしまう傾向がある。話し合いをする双方にこの「公平バイアス」がかかっていると、本当の公平にたどりつくことはない。そんなときは第三者にも意見を仰ぐ必要があるだろう。自分の貢献ばかり大きく思える「貢献の過大視」という認知バイアスについても、同様のことが言える。

また、対人葛藤は激しい感情の揺れを伴うことが多い。感情が動くと、せっかちモードが働いてしまい、合理的な思考ができなくなる。感情の赴くままに葛藤に対処しようとすると失敗しやすい。具体的な対処法としては、意識的に深い呼吸をして「落ち着け」「冷静になれ」「10まで数えろ」と短い言葉で自分に言い聞かせることは有効だ。また、自分の思考パターンを点検すると感情のコントロールに役立つ。たとえば、自分が何か固定のルールやパターンに縛られていないかを点検し、もしそうなっていたら、その場に合う別のルールに柔軟に切り替えられるといいだろう。

非難をかわす戦術もある

いくらこちらが冷静に対応しようとしても、相手から言語的な攻撃を受ける場合もある。こういうときは、まともにぶつかり合うのは得策ではない。非難をかわす戦術と言われているものもいくつかあるので、紹介しよう。

◎反射の戦術……相手の言葉の一部や趣旨をオウム返しに言う。
◎分散の戦術……相手の批判や非難の一部を認める。
◎質問の戦術……反射か分散の戦術の後に、相手の言い分をさらに詳しく尋ねる。
◎延期の戦術……その場での反論を避け、対応を先送りする。
◎フィードバックの戦術……批判や非難の「内容」ではなく「方法」についてフィードバックする。

これらが有効かどうかは、相手や状況によるとしか言いようがない。特にフィードバックの戦術は、「その怒り方はあまり効果がないんじゃないかな。なぜなら……」と返せということなので、相手はますますヒートアップするかもしれない。

何にせよ、対人葛藤の解決で重要なのは、相手のことをよく知ることである。そのときに、自分が見ている相手の姿は、認知バイアスがかかって不正確で歪んでいると自覚したうえで、情報を集めることが重要だ。

そして、なぜ相手がそのような行動をとるのかを、その人の内的要因だけでなく、状況などの外的要因にも注目して分析する。

客観的に観察して、分析。そして実験（対話！）し、さらにその結果を分析する。対人葛藤の解決を図ろうとすることは、アマチュアの社会心理学研究者になることでもあるかもしれない（プロになりたくなったら、ぜひ大学へ！）。

チームのパフォーマンスの向上に必要なこと

ひとりではできないことも、チームで助け合えば達成できることもある。しかし、チームの在り方によっては、集団で取り組むことで、逆に仕事の質が落ちることもある。

多大なストレスを感じながらメンバーの意見調整のために多くの時間を費やし、その結果、できあがったものは妥協と忖度の産物になる。こんなことを一度でも経験すると、もう誰かと一緒に何かをしようという気にはならなくなる。そんな不幸なことが起こらないように、社会心理学の知見を活かして、チームがうまくいくためにはどうすればいいのかを考えてみたい。

これまでのチームワークに関する研究では、優れたチームパフォーマンスを発揮するには、チーム内のコミュニケーションが重要だとされてきた。特に、ただの雑談ではなく、メンバーが互いに創造的なアイディアを出し合う対話「チーム・ダイアログ」がパフォーマンスの向上につながるといった先行研究が複数ある。

じゃあ、チーム・ダイアログをたくさん行うほどパフォーマンスが上がるのかといったら、そんな単純な話でもない。このような対話をするには時間がかかる。対話しなくても分かり合っている、そんな暗黙知がチーム内に形成されていれば、対話の効率も良くなる。このような暗黙知を形成するには、メンタルモデルが共有されることが重要である。

メンタルモデルの共有がチームワークの鍵を握る

メンタルモデルというのは、何だか自己啓発的な怪しげな響きがする言葉だが、認知心理学の用語である。見たり聞いたりしたことに対して、どう感じてどう行動するか。基本的な思考パターンのことだと言えばいいだろうか。このメンタルモデルがチーム内で一致していれば、チームのパフォーマンスは向上するのではないか。そんな仮説を確かめた研究を紹介したい。

チームワークを研究する社会心理学者である秋保亮太さん（帝塚山学院大学総合心理学部准教授）たちの研究グループが2016年に発表した研究で、大学祭で模擬店を営業した団体を対象にしたアンケートだ。サークルやその他有志の団体を作って模擬店を出した大学生および大学院生236人から得られたデータを解析し、何がチームのパフォーマンスに影響を及ぼしたかを調べた。パフォーマンスの評価は、「私たちの団体は良い成果を上げることができた」といった質問項目に答える主観的な評価と、目標とした売上をどれだけ達成したかという客観的な評価で判断し、メンタルモデルを共有しているかどうかは団体メンバーの答えの一致度で判断した。チーム内のダイアログ量は、「目標の達成方法について様々な観点から話し合った」などの質問項目に「全くしていなかった＝1」から「頻繁にしていた＝5」までの5段階で頻度を選んでもらうことで測定した。

解析の結果、チーム内でメンタルモデルが共有されている場合は、チーム・ダイアログの量に関係なく、客観的なパフォーマンスである目標売上達成度は高かった。逆に、メンタルモデルが共有されていない場合は、チーム・ダイアログが少ないと目標売上達成度が下がっていた。

一方で、主観的な成果に関しては、チーム・ダイアログの多さが良い影響を及ぼしたが、メンタルモデルを共有しているかどうかは関係がなかった。

さて、ここから何が言えて、実生活にどう応用できそうだろうか。

共有すべきメンタルモデルがはっきり分かっているのなら、言語化してチームで共有すると、スムーズに進みそうである。先導するリーダーがいるのなら、その人がメンタルモデルをメンバーに提示すればよいだろう。しかし、圧倒的なリーダーがいない、あるいは誰が指揮を執るのか分からないような集団では、ダイアログを重ねていくことが必要そうだ。そのときに、ダイアログによってメンタルモデルを形成することを意識していくといいかもしれない。そうでないと、ダイアログを重ねて主観的には満足しても、客観的にはパフォーマンスが上がっていないという状態になってしまうだろう。

うまくいかないのはメンバーの相性や性格のせいとは限らない

チームの中に相性が悪い人や苦手な人がいるなあと感じるとき、その原因がその人と自分の関係性にあるのか（嫌われている、不快に思っている、敵対意識があるなど）、それとも、単に意見が異なることが原因なのか、分けて考えたことがあるだろうか。前者を「関係葛藤」、後者を「課題葛藤」と言い、この両者は誤認知されやすい。

私の研究室で博士研究員をしていた村山綾さん（立命館大学総合心理学部准教授）が主導で行った、集団内に起こる葛藤の誤認知についての研究を紹介する。

実験の概要は、実験に参加する大学生231人に図6のシナリオを読んでもらい、自分がこの集団の一員であると考えて質問項目に回答してもらうというものだ。

シナリオの上部は葛藤の程度が低く、下部は高い状況である。左と右とでは、葛藤の原因が人間関係なのか意見なのかが異なっている。このシナリオを読むと、関係葛

図6　「集団内に起こる葛藤の誤認知についての研究」で使用したシナリオ

		関係葛藤	課題葛藤
葛藤の程度	低	メンバーは**全員仲が良く**、あなたにとって苦手な人は誰もいません。ものごとに対する**価値観や性格などもあっている**と感じています。	**アイデアや意見の相違は見られず**、グループで一つの決定を出すときには、**お互いの主張が対立することはほとんどありません**でした。
	高	**メンバー同士で好き嫌い**があり、あなたにとっても苦手な人とそうでない人が含まれています。ものごとに対する**価値観や性格**などが、あなたと**ズレている**と感じることがあります。	**アイデアや意見が異なる**ことが多いので、グループで一つの決定を出すときには、**お互いの主張が対立することがよくあり**ました。

出典：村山・三浦（2012）に基づいて作成

藤と課題葛藤がどう違うのかが分かるはずだ。

実験参加者に答えてもらった質問項目には、次のようなものが入っていた。

◎グループメンバー間で感情的な対立はどの程度見られますか

◎グループメンバー間での腹立たしい気持ちはどの程度見られますか

これらは関係葛藤に関するもので、参加者は「1＝全くない」から「7＝かなりある」までの7段階で答える。また、次のような課題葛藤に関する質問にも同様に7段階で答えてもらった。

◎メンバー間で、お互いに出し合った意見の食い違いはどの程度ありますか
◎グループが折り合いをつけなければならない、決定内容に関する相違はどの程度ありますか

もし、関係葛藤と課題葛藤を区別できているのであれば、課題葛藤が高いシナリオを読んだときは、そこに感情的な対立があるとは感じないはずだ。意見が異なることは、必ずしも好き嫌いや性格などの本人の内面に原因があるとは限らない。意見は意見、人は人。これが区別できないと、意味のある話し合いはできない。

しかし、人はこれを誤認知する。

集団パフォーマンスを低下させる誤認知

実験の結果、課題葛藤が低い場合よりも高い場合に、関係葛藤の程度が強く認知されていた。これは、課題葛藤が強く認知される状況では、関係葛藤の誤認知が生じる

可能性を示している。また逆に、関係葛藤が強く認知される状況でも、課題葛藤の誤認知が生じることが示された。

シナリオを読んで、理由はどうあれどちらも対立しているのだから、関係葛藤と課題葛藤を分ける必要はないじゃないかと思う人もいるかもしれない。なぜ分けるのかというと、どちらの葛藤が起きているかによって、人は行動を変える傾向があるからだ。

関係葛藤が強く認知されると、感情的なせっかちモードが優位になり、問題を回避したりごまかしたりして、根本的な解決につながらず、集団パフォーマンスは低下する。一方で、課題葛藤が強く認知された場合は、論理的思考のじっくりモードが優位になり、統合的な対処行動をとることで集団パフォーマンスの向上につながる。

もし、あなたやあなたの集団が課題葛藤を関係葛藤だと誤認知しがちであれば、上がるはずのパフォーマンスを上げられずに損をしている可能性がある。十分なコミュニケーションを行えば、好き嫌いや性格の問題ではなく、単に課題に対する意見の相違だということが分かるかもしれないが、そもそも私たちが「人の内面のせい」にしがちであることは、何回でも強調したい。

意見の相違でイライラしても、相手を「なんて嫌なやつだ」とせっかちモードで結論づけたりせず、相手の内面のせいにしたがる自分を抑えてあいまいさに耐え、もしかして課題葛藤を関係葛藤だと誤認知していないか、と自分に問い、認知バイアスの可能性を差し引いたうえで判断すると、また別の光景が現れるかもしれない（本当に相手との相性が悪いだけのこともあるけれど）。

あいまいさを許容すると協力行動が生まれやすい

この章で伝えたいことは、あいまいさに耐えられると人間関係がうまくいくということだが、それは何も、はっきりものを言うなとか、嫌味を言いたければ遠回しに言えとか、結論に白黒つけずにあいまいにしておけとか、そういうことではない。そういう処世術もあるかもしれないが、少なくとも私にはできない。

ここでいうあいまいさとは、感情が動いたときや葛藤が生じたときの、落ち着かない不快な状態のことだ。その状態に耐えられず、一刻も早く抜け出したいと焦ってしまうと、せっかちモードが働いて、非合理的な判断をしてしまう。その判断が、自分の信用を落としたり、チームのパフォーマンスを低下させてしまったりすることもあるのだから、長い目で見れば、不快な状態をぐっと我慢して、じっくりモードに登場してもらったほうが得である。

そんなふうに心がけているうちに、あいまいさ耐性がついてくるかもしれない。

２０１８年にアメリカの研究者らが行った研究では、あいまいさ耐性が高い個人は、不確実な状況でも、見知らぬ人を信頼して協力行動を取りやすいという結果が示された。この研究が興味深いのは、見知らぬ人を信頼するというのはリスクのある行為にもかかわらず、リスク耐性とは無関係だったことだ。つまり、他人を信頼するのは単に危険を顧みない向こう見ずな性質だからではないということだ。

不確実な状況ではお互い協力し合ったほうがメリットがある。ただし、協力する相手がこちらに害を与える人間であれば話は別だ。協力するかしないかは、リスクのある選択だ。だが、俺はいつだって死ねるぜ、怖いものはないぜ、と威張っているお兄さんでも、あいまいさ耐性が低ければ、他人と協力するというリスクは取りにくいということになる。

人間関係を円滑にするために

人間関係はあいまいさに耐える力から始まるのではないだろうか。耐えるというと、面倒くさい人が相手でも我慢せよ、というメッセージに思えるけれど、そうではない。自分の中に湧くもやもやっとした葛藤をさっさと捨てずに、ちょっと抱えておいてはどうだろうかという話だ。

あいまいさに耐えながら、「いや待てよ、本当にこの人はそんな人なんだろうか?」「この人がこんなことを言っているのは、状況がそうさせているのではないだろうか」「自分は認知バイアスで判断していないだろうか」などと、自分の思考や認知を点検してみる。何重にも覆われた膜がはがれて初めて、本当の人間関係が始まっていくのだと思う。

第4章

感情をふまえて判断できる

不安は根拠のない流言を拡散させやすい

感情が高揚すると、体はいつもと違う状態になるし、いつもと違う行動も取る。私は普段は怒鳴ったりなんて決してしないが、法事でいただいたお下がりの上用饅頭10個を、知らない間に夫が8個も食べてしまったときは怒りが抑えられず、「君には公平という概念がないのか！」と夫をののしった挙句、「許してほしければ今すぐ同じものを買ってきて！」と怒鳴り散らした。

もちろん夫に悪気がないことは分かっている。私と違って饅頭に特別な思い入れのない夫は、私が少しずつ食べようと思って大事にとっておいた饅頭を、いらなくて残しているのかと考えたのだ。それが分かっていても、怒りは止まらなかった。

夫は次の日、デパ地下の和菓子売り場を走り回った挙句、上用饅頭ではなく亀屋友永の松露を買ってきた。饅頭事情に疎い人にはその違いは分からないかもしれないが、両者は形はちょっと似てなくもないが全然違う。松露は、水溶きした粉砂糖を煮詰めた蜜を冷やし固めたものであんこを包んだ、かなり甘いガシガシした歯触りの和菓子である。対して私の愛する上用饅頭は、米粉に長芋を練り込んだふっくらしっとりした生地であんこを包んだものであり、似て非なるものだ。もう、笑って許すしかなかった。

感情が高揚すると普段と異なる行動や決断をしがち、ということは、心理学を持ち出すまでもなく誰もが経験として知っているだろう。感情に行動が影響されるのは人間として自然なことだ。だが、非常事態においては、感情が合理的な判断を邪魔してしまうこともある。

感情と認知資源の関係性

人は緊張や不安に襲われると、認知資源が不足する。そして、認知資源が不足すると、時間をかけて論理的に考えることが難しくなる。せっかちモードで判断しやすくなる。ネガティブなツイートは夜中に多くなるという研究結果もあるが、それも認知資源が不足して、感情の制御がしづらくなることに原因があるかもしれない。

オレオレ詐欺の存在が広く知れ渡っているにもかかわらず、騙されてしまう人が後を絶たないのは、自分の子どもが窮地に陥っていると思い込まされて、緊張や不安が高まり、論理的に考えるじっくりモードの働きが阻害されてしまうからだ。

感情に突き動かされることは人間として正常な現象であり、正常だからこそ、それを抑制することは難しい。だが、非常事態において人々がどのような行動をしがちなのかを知ることができれば、冷静になるための手がかりになるかもしれない。

私たちは、ツイッター（140字以内の文章を投稿するSNS。現在のX）のツイート（投稿）のログデータを使って、2011年の東日本大震災における感情反応の時系列変化を分析する研究を行った。ソーシャルメディアに記録された投稿ログデータの分析は、後年であっても当時の状況に即した反応を知ることができ、回顧バイアスの影響を考える必要がない。これは、後年にアンケートに答えてもらったりインタビュー調査などで収集したりする方法にはない、SNSならではの利点である。

分析したのは震災当日（2011年3月11日）直後のツイートだ。まず、「地震」を含む日本語ツイートを収集し、「怒り」「悲しみ」「不安」「驚き」というネガティブな感

図7　ツイッターで表出された感情反応

地震発生直後

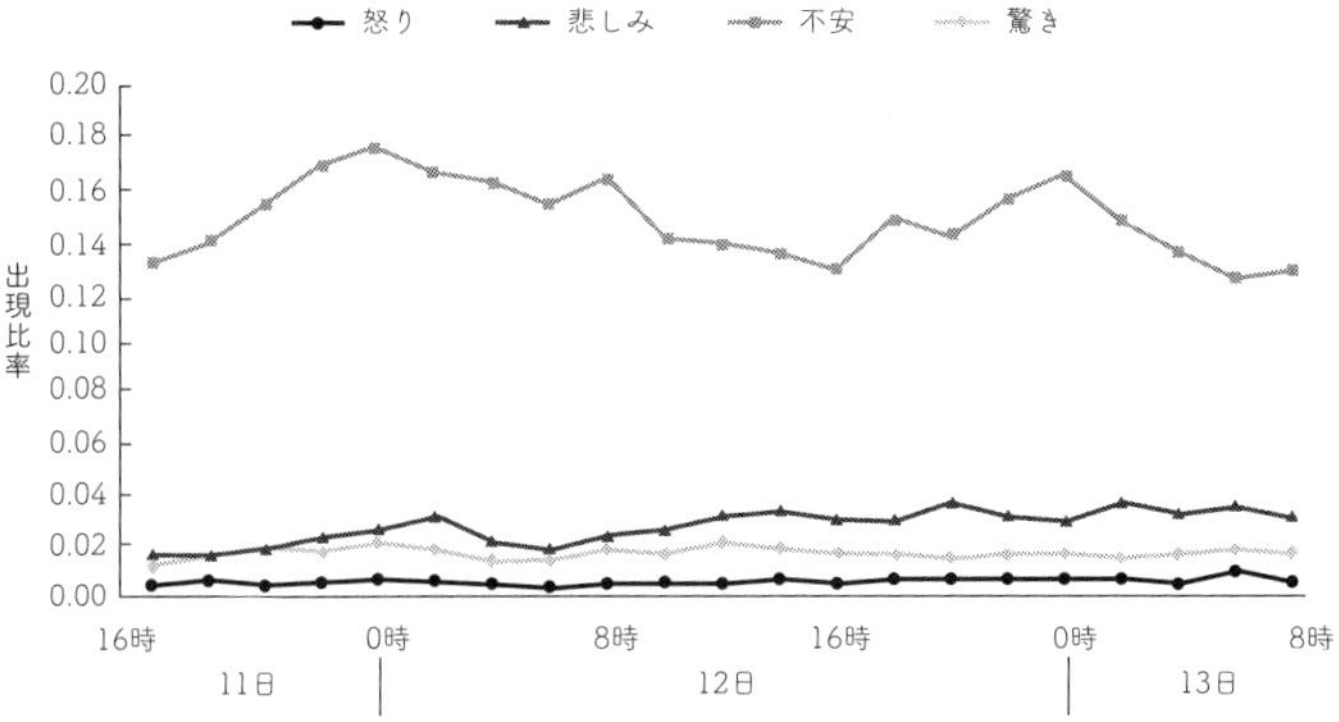

地震発生2週間後

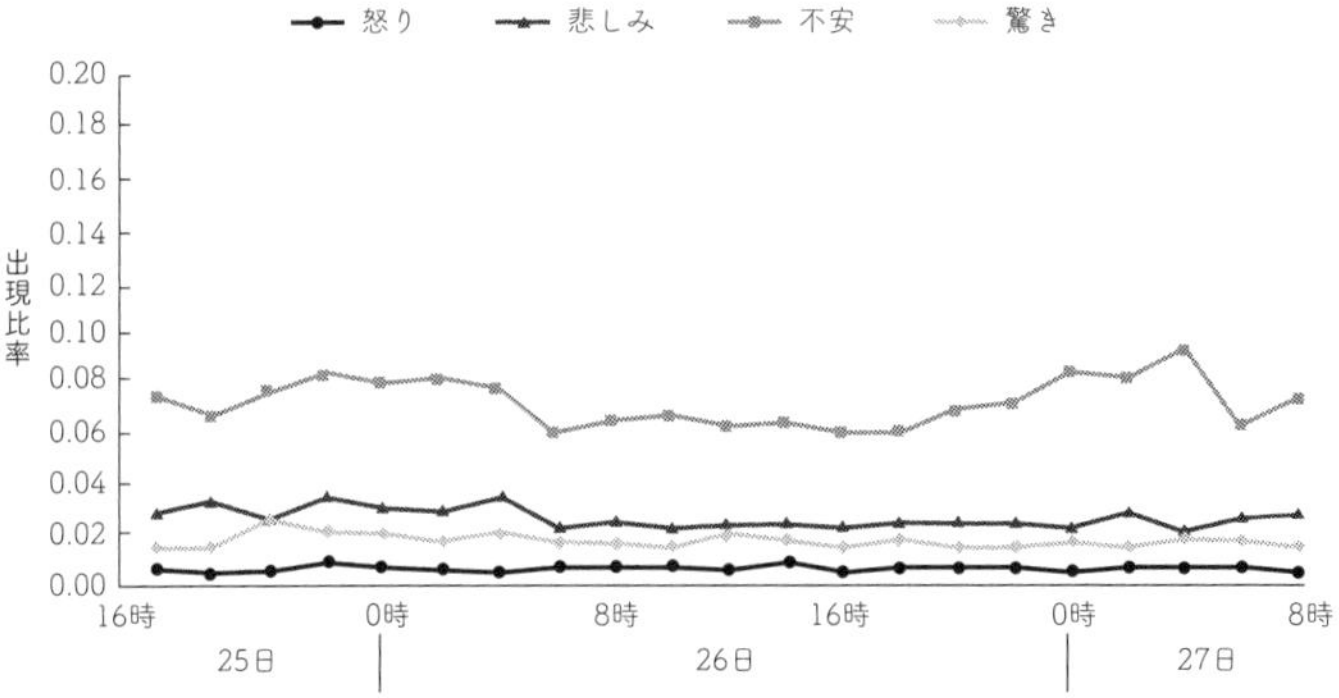

出典：三浦（2012）に基づいて作成

情に関連する表現を抽出して、それぞれの出現比率を求めた。

地震発生直後の3日間（図7上）に最も多く現れた感情反応は「不安」で、他のネガティブな感情に比べても、その比率は圧倒的だった。2週間後になると（図7下）、その出現比率は減ったが、それでもやはり他の感情より多く見られた。

感情が現れているツイートは共有されやすい

震災直後にツイート数は急増したが、人の投稿をそのまま再投稿する「リツイート」も増加した。リツイートの機能は発信源が誰であるかということや、その情報の真偽が不明なまま、情報が拡散していきやすい。そのため、ツイッターは流言（うわさ）の拡散の担い手になりやすい。そこで、流言の拡散がどのように起こるのかを知るために、リツイートに注目し、ツイッター上でどのような情報がどのように伝わっていったのかを検討した。

分析の結果、リツイートをされやすかったのは、感情に関わる言葉がたくさん含まれているツイートだった。特にネガティブな感情が多く含まれているもののほうがそうでないものより、リツイートされやすかった。その中には結果的に虚偽であった情報や悪意のあるデマも多く含まれていた。

ある人が聞いた流言を他人に伝達する可能性は、不安と状況のあいまいさの積に比例する、というのがいわゆる「うわさの公式」である。災害のような先行きが見えないあいまいな状況で、かつ大きな不安にさらされているときは、流言に惑わされたり自分が拡散してしまったりしないように、意識的に注意しておく必要があるだろう。

知っているつもりでは不安に駆られた判断を動かせない

あいまいな状況の中で、じっくりモードを働かせて冷静な判断をするためのひとつの方法として、起こった問題に対する正しい知識を身につけておくことは有効となる。

楠見孝さん（京都大学大学院教育学研究科教授）、小倉加奈代さん（岩手県立大学ソフトウェア情報学部講師）と私の研究グループは、東日本大震災に続いて起きた福島第一原子力発電所の事故について、事故が起きた2011年から2014年にかけて4回、放射線災害地域の食品に対する態度について、オンライン調査を実施した（ちなみに、この調査は2025年現在もまだ継続している）。

調査では、放射線に関する知識を問う質問を行い、客観的にどれだけ正しい知識があるのかを評価した。さらに、自分はどのくらい知識があると思うか、主観的な評価を測る質問も行ったうえで、放射線災害地域の食品に対する質問や、どれだけ不安を感じているかを測る質問にも答えてもらった。

解析の結果、放射線に対する不安が強くても、知識量が多ければ、放射線災害地域の食品に対して（少ない人よりも）ネガティブな態度を示していなかった。しかし、主観的に自分には知識があると思う程度が高いか低いかによっては態度に違いが見られなかった。

つまり、実際に知識があるのと、知っているつもりというのでは、働きが異なっていて、後者は冷静な判断にはつながらない可能性があることが示されたのである。

態度を測る指標として用いた質問は、たとえば次のようなものだ。

◎食品の放射性物質による汚染濃度が基準値以下ならば、食べても良いと思う
◎行政は、放射性物質によって汚染された地域の食品ならば基準値以下であっても出荷制限をすべきだと思う

基準値以下なら人体へのリスクはないが、それでも食べたくない、規制すべきだと考えるのであれば、ネガティブな態度が高いとみなされる。もし、このように実際に

はリスクがない食品を、産地が放射線災害地域だからといって避ける人が多くなると、いわゆる「風評被害」が生まれてしまう。

非常時の判断は誤りやすいと知っておく

正しい知識を持っていないと、感情に駆られた判断を動かせないという現象は、原発事故から9年後に起きたコロナのパンデミックにおいてもよく見られた。放射線もウイルスも目に見えない脅威であり、ゼロにはできないリスクである。私たちは普通の生活をしていても、宇宙からの放射線や大地・食物から放出される自然放射線を受けて被曝しているし、人々の間に広まったウイルスと、いつどこで接触してもおかしくはない。ゼロにはできないのだから、どこまでのリスクなら許容できるのかを判断しないといけないが、正しい知識を得るのはなかなか難しい。

非常時には感情も激しく喚起され、不確かな状態も続く。そんなときに下した判断は、誤りである可能性が高い。そうなるのは仕方がないと、いっそあきらめてしまうほうがいいかもしれない。

非常時の判断は間違う可能性が高く、さらに「知っているつもり」では冷静な判断に役立たないことを自覚していれば、後から自分のした判断を見直すことができる。間違っていたことが分かれば修正すればよい。

自分の間違いを認めようとすると、感情が邪魔してなかなかできないことがある。そんなときは、非常時に間違いを犯すのは人間として当然、と開き直ってしまえばいいのである。あなたのせいだけではない。状況がそうさせたのだ。そして、もし自分の間違いが他の人に迷惑をかけたなら、誠実に謝るべきであり、それを他の人は許すべきだろう。

敵と味方に分かれるのではなく、歩み寄れるところを探して建設的な状態へ進んでいく。これもまた、あいまいさに耐える力が必要となるプロセスである。

感情が裁判員の法的判断に及ぼす影響

2009年から裁判員制度が施行され、一般市民が重大な刑事事件の法的判断に参加することになったが、感情によって合理的な思考が阻害されることがあるのなら、非道な犯罪の容疑者に対して、私たちは冷静に判断を行うことができるのだろうか。

図8は、前出の村山綾さんが主導して一緒に行った研究で用いた、架空の事件のシナリオである。被害者Aは早朝の散歩中に背後から猟銃で撃たれた。目撃者はいなかったが、事件で使用された猟銃がBの所有物であり、Bは以前から土地の境界線をめぐってAと言い争っていたため、Bが被疑者として逮捕された。しかしBは事件への関与を否認、猟銃は1週間前に盗難に遭ったと主張している。

このシナリオをオンライン上で募集した計360人の参加者に読んでもらい、Bが有罪かどうかを、「確実に無罪（0）」から「確実に有罪（10）」の11段階で答えてもら

図8　研究で用いられた架空の事件のシナリオ

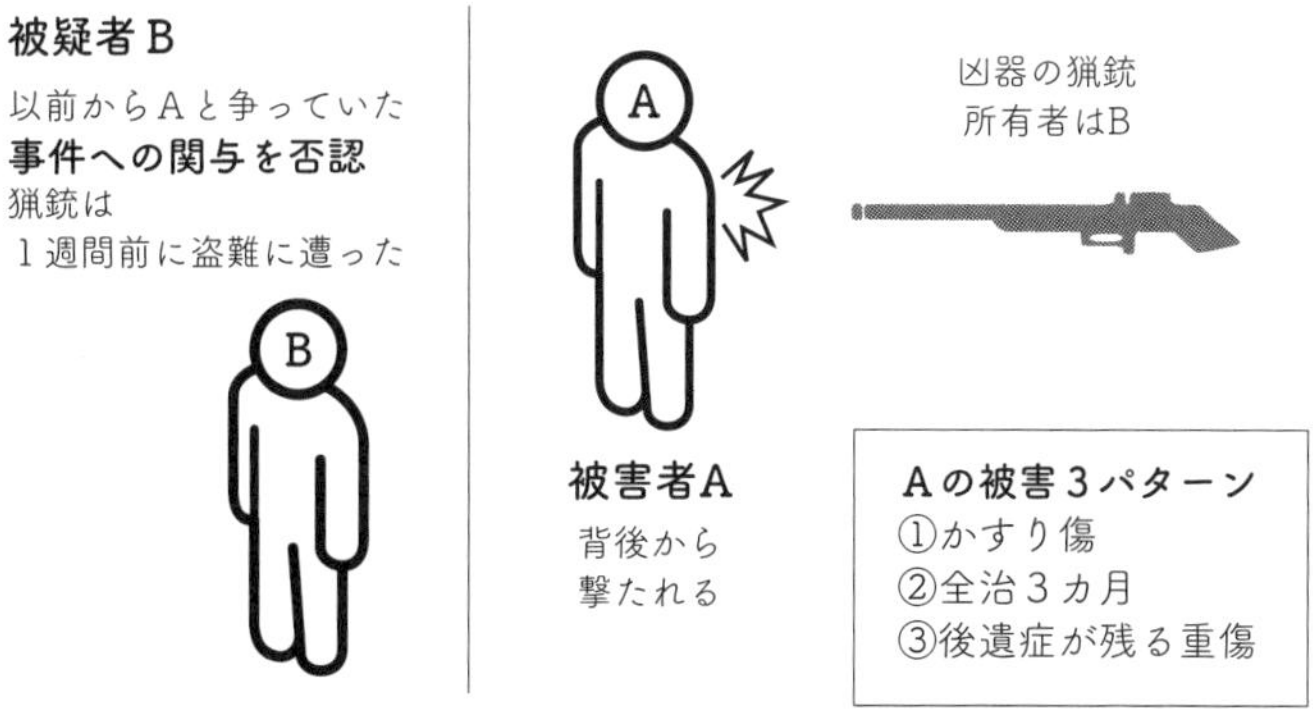

出典：村山・三浦（2015）に基づいて作成

った。ただし、シナリオはAの被害が異なる3パターンが用意されており、①流れ弾に当たってかすり傷を負った、②左わき腹に銃弾を受け、全治3カ月の重傷を負った、③背中に銃弾が直撃し、半身不随の重度の後遺症を負った、のいずれかのシナリオが示された。

その結果、図9に示すように、Aの被害が大きいほどBが有罪だと考える程度（罪責認定）が大きかった。かすり傷と後遺症では統計的な有意差も見られた。

このシナリオの情報だけで、Bが犯人かどうかは判断できない。しかし、それはAの被害がかすり傷だろうが重症だろうが同じである。

図9

傷の程度が罪責認定に及ぼす影響

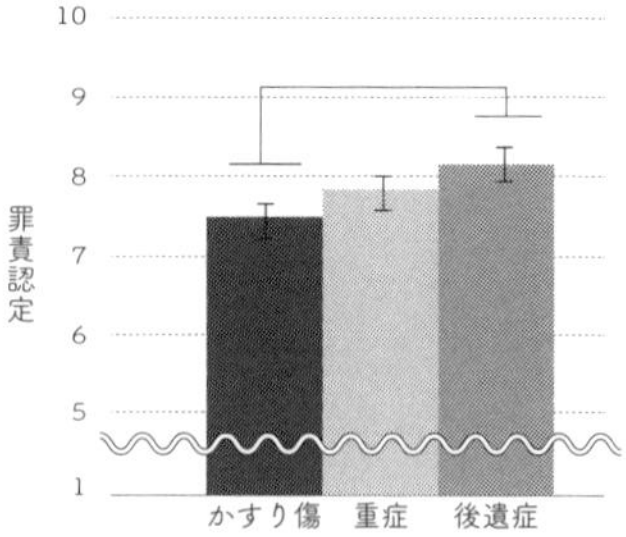

※エラーバーは標準誤差

出典：村山・三浦（2015）に基づいて作成

図10

傷の程度が判断に対する後悔の予測に及ぼす影響

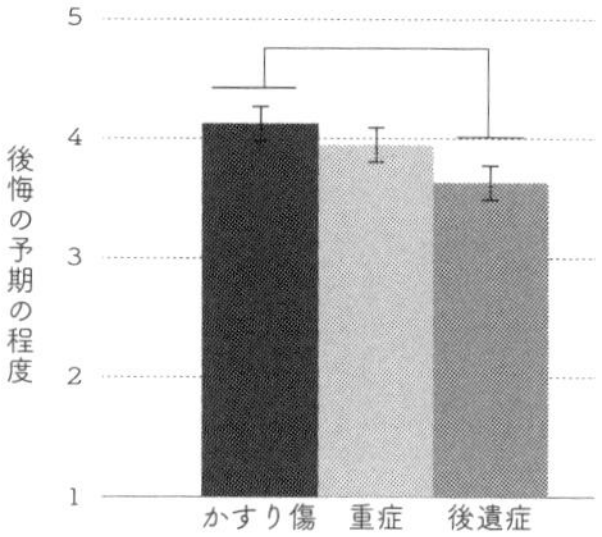

さらに私たちは、Bが本当は無罪だったときに自分の判断を後悔する程度について、「1全く後悔しない」から「6非常に後悔する」までの6段階で回答を求めた。その結果が図10である。

これらの結果を見て、皆さんはどんなことを感じただろうか。

被害が大きいと処罰感情が強くなる

被害者の受けた傷の程度が重いほど、加害者にその償いをさせたいという気持ちが強くなるのは当然だろう。しかし裁判は、犯人に対する罰を判断する場である前に、被疑者が犯人かどうかを判断する場でもある。感情に流されて判断してしまうと、重大事件ほど冤罪《えんざい》が起こりやすくなってしまう。そうして、間違った判断が行われても、被害が大きいほど後悔の程度が低くなるのであれば、その失敗は活かされないままで終わってしまうかもしれない。

シナリオ作成には法律の専門家の協力を仰いだが、あくまで架空のシナリオによる実験なので、実際の裁判員裁判で起こることを再現しているわけではない。ただ、このような心の傾向があることを知っておくことで、より理性的な判断を行うための努力をすることができるとは思う。

裁判員制度にせよ陪審制度にせよ、なぜ社会（国家）が罪に対する罰を決める際に「素人判断」を導入するようになったのかには興味がある。というか、私も、裁判員をやってみたいんですけど。通知、なかなか来ないですね。

動揺時の判断ミスを防ぐことは難しい

感情が揺さぶられる状況では、合理的に判断する力が鈍ってしまう現象をいろいろ紹介してきたが、何度も言うように、これらは防ごうとして防げるものではない。いくら知識やリテラシーを身につけても、冷静でない状況ではそれを活かすことは難しい。

自分の感情がどのくらい動いているのかを自覚して、冷静になれる時間があれば判断を先延ばしにする。そういう時間がなければ間違える可能性も考えながら判断し、間違えていたら後で修正するしかないだろう。

ちなみに、感情によって判断力が鈍るのは人間だけではない。

生成ＡＩのChatGPTにはtemperatureという感情パラメータがある。０～１の範囲で設定することができ、プロンプト（指示文）に「temperature = 0.2で」などと書き加えると、数値が高いほどテンションの高い創造的な答えが、数値が低いほど冷静で面白くはない答えが返ってくる。

私たちも自分のtemperatureを数値化してみるといいかもしれない。今むかついていてtemperature＝10だから思考の精度が下がっているなとか、絶対間違えたくない判断をこれからするからtemperature＝0で臨もう、といった具合に自分の感情の強さとその影響をメタ認知できたら、きっと、せっかちモードに引きずられることは減るだろう。

「人は見た目が9割」の真相

本が売れるか売れないかの要因として、「タイトルと表紙」が重要な役割を担っていると編集者さんから聞いた。「内容が良い」ことは大前提だが、どんなに内容が良くても手に取って表紙を開いてもらわなければ読まれることも買われることもない。悲しいけれど、それが現実だ。

2005年に新潮社から発売された本『人は見た目が9割』（竹内一郎・著）がミリオンセラーとなったのには、タイトルが大いに貢献したことだろう。人を見た目で判断してはいけないという社会的規範に逆張りしていてインパクトがあるし、9割という数値で言い切っていてあいまいさがないところも魅力的だ。

著者が「見た目が9割」と主張する根拠は、アメリカの心理学者アルバート・メラビンらの研究に基づいている。同書では、その研究について次のように紹介している。

アメリカの心理学者アルバート・マレービアン博士は人が他人から受けとる情報（感情や態度など）の割合について次のような実験結果を発表している。

◎顔の表情　五五％
◎声の質（高低）、大きさ、テンポ　三八％
◎話す言葉の内容　七％

話す言葉の内容は七％に過ぎない。残りの九三％は、顔の表情や声の質だというのである。実際には、身だしなみや仕草も大きく影響するだろう。

（竹内一郎著『人は見た目が9割』新潮社、2005年）

言葉の内容以外をすべて「見た目」と言ってしまうのは、かなり大胆な解釈であるが、それ以上に、「人が他人から受けとる情報（感情や態度など）の割合について」と、この結果があらゆるコミュニケーションの場面にあてはまるように誤解させる説明になっているのが問題だ。これでは間違った解釈と言わざるを得ない。

誤った解釈が広まったメラビアンの研究

メラビアンはどのような実験を行ったのか。まず、「好意」「嫌悪」「中立」のニュアンスを表す言葉を選定し、各言葉を「好意」「嫌悪」「中立」の声色で発話し、録音。さらに、「好意」「嫌悪」「中立」の表情の顔写真を1枚ずつ用意した。実験参加者は、言葉と声色と表情のセットをさまざまな組み合わせで提示され、話者の感情を評定した。特に、組み合わせが矛盾しているときに、どの情報が判断に優先して影響するかに注目した。たとえば、にこにこ微笑んだ写真を提示されながら、すごく嫌そうな声で「ありがとう」と発話された場合をイメージしてほしい。あなたはこの場合、話者はどんな気持ちだと想像するだろうか。

実験の結果、表情が最も優先して影響し（55%）、声色（38%）、言葉（7%）の順となった。7%という数値は確かに登場するが、これは好意と嫌悪に関して矛盾した情報が送られた場合に限られた実験なので、「話す言葉の内容」という説明も誤解を生む。

このような間違いをしているのは同書の著者や編集者だけではない。同様の曲解は世界各国で流布されているようで、メラビアンは自身のウェブサイトで論文の正しい解釈を説明している。

同書がベストセラーとなって多くの人に注目されたおかげか、現在は、ネットで検索すると「見た目が9割」という解釈は誤解であるという情報もよく見られるようになった。

メラビアンの研究が伝えていることは、どんな状況でも見た目が大事ということではない。感情に関する表現に関しては、言葉よりも言葉によらない表現のほうが大きな力をもつ場合もあるということだ。

感情が揺れ動く状況では、せっかちモードが作動して、パッと見て手っ取り早く分かる情報を優先してしまう。表情や声は手っ取り早く分かる情報の典型例だ。だが、仕事のプレゼンや面接の場面などで、冷静な相手に対してこの研究結果は応用できない可能性が高い。見た目ではなく、中身勝負で臨むことをお勧めしたい。

恋心を左右する状況の力

恋愛は感情が大きく揺れ動くイベントのひとつだ。当然、人の行動も恋する心によって左右されるし、逆に行動や状況によって恋心が左右されることもある。

恋愛に関する心理の研究は古くからよく行われている。私自身は恋愛を研究対象にしたことはないが、恋愛をテーマにしている心理学者がメディアに活発に出て発言することは、社会心理学という学問の発展にとってすごく大事だと思っている。恋愛というのは人間の根源的かつ重要な対人行動のひとつであり、恋愛は、他者という状況が人の心理に及ぼす影響を研究する社会心理学の研究テーマそのものであるからだ。

１９７４年にカナダの心理学者ドナルド・Ｇ・ダットンとアーサー・アロンが発表した「吊り橋実験」は、人は生理的興奮状態にあるときに恋心を抱きやすいことを示した有名な実験だ。

図11 「吊り橋実験」の結果

	受け取った人数	電話した人数
固定橋	16人／22人中 72.7%	2／16人中 12.5%
吊り橋	18／23人中 78.3%	9／18人中 50.0%

・電話番号を受け取った人数と橋の条件に関連なし
・電話した人数と橋の条件に関連あり
・調査依頼をするのが男性だと、両条件ともほとんど電話なし

出典：Dutton & Aron（1974）に基づいて作成

実験場所は、揺れる吊り橋と、固定された安全な橋だ。それぞれの橋の真ん中に女性のインタビュアーが待っている。橋を渡っている女性連れではない18〜35歳の男性に声をかけ、アンケート調査に協力してもらう。この調査自体には大きな意味はなく、アンケート調査に応じた参加者に対して女性は氏名と電話番号を記したメモを渡し、実験について詳しく知りたければ後で電話をしてと言う。

その結果を図11にまとめた。固定橋も吊り橋もメモを受け取った人数には統計的な差はなかったが、その後、電話をした人数は吊り橋を渡った男性のほうが多かった。

この現象は、第1章で登場した「基本的

な帰属の錯誤」で説明することができる。基本的な帰属の錯誤は、何かが起きたときに、原因を状況ではなく人の内面のせいにしやすいという心理的傾向だ。吊り橋を渡った参加者はハラハラして緊張状態で、鼓動が高鳴っていたことだろう。それを危険な橋を渡っているという状況のせいではなく、自分が恋をしているからだと、自分の内面に原因を帰属してしまったと解釈できる。

他にも、相手に好意を持ちやすい条件として次のような傾向が知られている。

①援助行動をした相手に好意をもつ

助けてくれた相手ではなく、助けた相手に好意をもつのである。この現象は認知的不協和理論によって説明できる。

忙しくて大変で自分には何の得もないのに、人を助けた場合、認知的不協和が生じやすい。そこまでしてなぜその人を助けたのか、と自分の中で葛藤が起きるからだ。お金をもらっているわけでもない、仕事だからというわけでもない、その相手に義理があるわけでもない。理由がないあいまいな状態は落ち着かない。そんなときに、自分は相手のことが好きだから助けたのだと考えれば説明がつき、認知的不協和は解消される。ということは、時間や労力や金銭などの大きな犠牲を払って助けたほうが、よりこの効果は現れやすいだろう。

②劣等感を抱いているときに、人を好きになりやすい

失恋を慰めてくれた相手を好きになってしまうことは、よくあるようだ。失恋は自己に対する承認が剥奪された状態だ。これまで恋人という他者から承認を得ていたのに、それを身ぐるみ剝がされた状態は、親和欲求や依存欲求の高まりをもたらしてしまう。他者による承認に飢えた状態であるために、いつもよりも人を好きになる閾値《いきち》は下がっている。

次の恋が始まりやすくなるのだから、この心の働きは合理的かもしれない。

③社会的態度が自分と似ている人を好きになりやすい

社会的態度というのは、意見や考え方や好みや趣味など、物の見方やスタンスのことだ。類似性が人との関係に大きな影響を及ぼしていることは、複数の研究によって

支持されている。自分と似ている人を好きになりやすい傾向は、2つの観点から説明できる。1つ目は、自分の意見や好みと似ている相手の意見を聞くことは、自分の意見が支持されることにもつながるので、自己の承認欲求を満たして心地好いのではないかという説明である。2つ目は、対人関係において、社会的態度が似ているほうがコミュニケーションコストがかからず、楽であるという説明である。

④何度も顔を合わせていると好きになる

これもよく知られた効果で、「単純接触効果」と呼ばれる。大学のサークル内や職場など、身近な人を好きになるときは、単純接触効果も働いているだろう。単純接触で好感度が上がるのは人の印象だけに限らない。物や言葉も同じである。単純接触効果は、対人関係に限らず、マーケティングや政治活動にも応用されている。

接触を繰り返すだけで好感度が上がるなんて、何とも論理的ではない不合理な行動に思えるが、裏を返せば、これは、接触したことがない未知のものに対しては好感を抱きにくいということでもある。野生の環境下では、未知のものは危険を含んでいるかもしれないから、十分に警戒すべきだっただろう。もともとは生き残るための知恵であり、現在も残っている脳の癖だと思えば、納得がいく。

⑤自分のことを好きだと言う人を好きになりやすい

当たり前のような気がするが、これもわざわざ心理学用語を出してくると、「互恵性に基づいた行為」と説明できる。互恵性というのは、ある社会的関係性の中で、他者の行為に対してお互いに何らかの形で報いることだ。道徳的には、何かしてもらったらお返しをしたほうが望ましいと、私たちの社会では考えられている。そういった社会的規範にどの程度従うかは人によって違うが、好意という報酬をもらったら、こちらも好意で返せば、互恵性が成り立つ。

さらに、自分を褒めてくれる人を好きになるという心理傾向も存在する。好意も賞賛の一種であると考えれば、自尊心を満たしてくれる相手といるのは居心地がよく、相手のことを好きになりやすいのだろう。

⑥美しい人を好きになりやすい

人は見た目で人を好きになる。身もふたもないが、これも実験で検証されている。

1966年にアメリカの心理学者エレイン・ウォルスターらが発表した「コンピュータ・デート実験」が有名だ。

デート相手に対する好感度に強く影響するのは、身体的魅力と性格のどちらなのかを調べるために、ウォルスターらは大学1年生の男女752人に性格検査を受けてもらったうえで、男女ペアをコンピュータでランダムに決定し、ダンスパーティーの受付で対面させた。そして1・5～2時間ほどダンスと歓談をしてもらった後に、相手に対する好意度を評価した。また、別の研究協力者が全員の身体的魅力を評価した。

その結果、好意度と相手の性格とは関連しなかった。しかし、相手の身体的魅力が高いほど好感度は高くなることが示された。

もちろんこの結果が常にすべての人に適用されるわけではないことは、読者の皆さんも想像したことだろう。実験参加者は、結婚なんて考えていない20歳前後の男女だし、ダンスパーティーという状況で、2時間弱しか一緒に過ごしていないのだから。とはいえ、第一印象では人を外見で判断する人がそうでない人より多いということは、言えるかもしれない。

人間は、外見が魅力的な人は、中身も魅力的な性質を持っていると解釈する傾向がある。美しい人は心も美しいと思ってしまう。人を騙すために美しさを利用する人もいる。外見の魅力と内面の魅力は一致している場合もあるが、そうでない場合もある。それとこれとは別、とは考えられず、ついつい外見の魅力の原因をその人の内面に帰属してしまう（基本的帰属の錯誤）のが人間なのである。

恋に落ちるとき、人はだいたいせっかちモードになっている。そして、数々の認知バイアスにまみれて相手を認知する。最近の若い人の間では、ささいなきっかけで好きな人を突然嫌いになってしまう「蛙化現象」という言葉が流行《はや》っているが、もしかしたらそれは、せっかちモードの誤作動に気づいた瞬間を捉えているのかもしれない。ちなみにこの「蛙化現象」という用語、名付け親は日本の心理学者なのだが、私の知る限り、そのプロセスやメカニズムについて実証的研究が行われた形跡はないので、どうか取り扱いにはご注意ください……。

しっかりと自分に合う相手を見極めたいという人は、すぐに結論づけることなく、あいまいさに耐えて、相手を観察してみてはいかがだろうか（その間に誰かに取られてしまっても責任は取れませんが……）。

第5章

ネット社会とうまく付き合える

インターネット今昔物語

大学の講義で、インターネットの歴史的なことをひとくさり語った後に、ふと気がついた。私が生まれるほんの少し前まで、インターネットというものはどこにも実在せず、論文中の「構想」にすぎなかった。だが、私の授業を聞いている大学生たちは、インターネットが基本的なインフラとなっている世界しか知らない。インターネットの歴史に思いを馳せると、自分が生きてきた年月が途方もなく長いように思えてくる。それほどインターネットの誕生から普及までのスピードは速かったのだと思う。

四半世紀前の私は、ネットコミュニケーションが研究のメインテーマだった。社会心理学は人と人との相互作用を探究する学問であり、特に相互作用がきっかけで新しい何かが生まれる「創発」のプロセスに関心をもっている私にとって、インターネットは研究テーマの宝庫だった。電子掲示板、ブログ、チャット、ウェブ検索、

Q&Aサイトなど（若い人は知らない単語ばかりかもしれないが）、ほとんど手当たり次第に研究対象としてきた。

ネットのコミュニケーションというと、炎上のようなネガティブな面に目が向けられがちだが、うまく付き合うことができれば、いいところがたくさんある。インターネット上のコミュニケーションの研究をしていると、人には「何らかの情報を発信したい、それを共有することをきっかけに他者とつながりたい」という素朴なモチベーションがあり、インターネットがかつてない形でそのモチベーションを実現したのだということが見えてきた。もちろん、20年以上前のことだから、今よりもネット世界はどこか牧歌的だった（堀江貴文氏も趣味の競馬サイトを主宰している普通のお兄さんだった）。

私はSNSという言葉も概念もなかった頃から、ウェブ日記（ブログ）をせっせと書いて公開していた。意識的な自己呈示である。学生にもゼミ生にも同僚にも、自分がこんな人間だと分かってもらったほうがいろいろ手っ取り早いからだ。12年続けて、その役割はツイッターに引き継がれた。

ツイッターで発生するコミュニケーションは、主に同業者（社会心理学などの研究者）とのものが多い。世の中の現象や話題になっている論文に一緒にツッコミを入れているうちに、新たな共同研究が生まれることもよくある。このスピード感は、オンラインコミュニケーションならではの利点だろう。

インターネットという状況が人の心に影響を及ぼす

人の行動は状況によって変わるが、インターネットというのもまたひとつの状況である。会って話せば、表情や声のトーン、身ぶり手ぶりなどを盛り込んでメッセージを伝え合うことができるが、SNSなどでの文字のやりとりだと、相手がどう思っているのかが分からず、「既読スルーに悩む」といった問題が起きたりする。匿名性も高くなるため、心のたがが外れたような状態となる。こうした変化を「脱抑制」と呼ぶ。脱抑制は良い方向にも悪い方向にも作用する。良い方向に作用した場合は、対面のコミュニケーションよりも自分らしい表現をすることもできるだろう。だが、悪いほうに作用すると、対面では言わないことやしないことをしてしまい、炎上につながったりする。

ときおり、飲食店のアルバイト店員が、客に出す什器や調味料や料理の材料に不衛生な行為をして、それをわざわざネット上にアップし、いわゆる「炎上」が起きたりする。それをやられた企業は客の信用を失って売上や株価が下がったりするし、やったバイトはクビになったり、訴えられて賠償金を払うことになったりもする。これらの行為は「バイトテロ」などと呼ばれるが、「テロ」を起こした当の本人はおそらく、自らを犠牲にする覚悟も、行為の結果が何を引き起こすのかも、大して想像していなかっただろう。

インターネットが可視化する人間らしさ

某テレビ局からバイト炎上動画の件で電話取材が来て、「『そんな動画を上げて拡散させちゃう心理』とは?」と聞かれたので「刺激的行為だからか、もしくは特に何も考えてないか。自分はリスクを負わずに企業ざまぁと思えるからでしょう」と答えたうえで、「私のコメントは使わないほうがいいと思います」と申し上げた(案の定、使われなかった)。

これまでだって、そんな悪ふざけをしていたバイトは、きっと存在していただろう。

インターネットによってその存在が広く知られるようになっただけだ。テレビやネットで大騒ぎになっているのを眺めて、なぜそんなに騒いでいるのか不思議だった。いろいろな人間がいるのだから、そういう人たちがいても少しもおかしくはない。

インターネットという状況は、良くも悪くも人間らしさを強調し、可視化してくれるツールなのかもしれない。ただ、それが時には合理的な思考を邪魔して、望まない方向に人を向かわせることもある。私たちが、インターネットという環境に、どのような影響を受け、どのように振る舞いを変えていくのかを知っておくと、もっとうまくネット社会と付き合えるようになるかもしれない。この章では、インターネットという状況の力について、考えていきたいと思う。

ちなみに私は15年以上ツイッターを利用してきたが、リツイート数が多かったつぶやきベスト1とベスト2は、社会心理学とはまったく関係ない内容だった。

2017年10月4日

秘書さんから「自分のウンコを食べて嘔吐したので出勤が遅れます」というDMがあって仰天した．飼い犬のことだった．

2016年9月7日
今日宝塚ホテルに懇親会の打ち合わせに行ったんだけど「何かBGMのご希望はございますか?」と聞かれたので「御社の系列の千里阪急ホテルで披露宴をしたときに「クラシックを」とリクエストしたらジュラシックパークを流されたので怖くてリクエストできません」とお答えしておいた.謝られた.

ネガティブな感情を喚起させるつぶやきは拡散されやすいという研究結果もあるが、ポジティブな感情（笑い）でも拡散される。「バズった」投稿がどんな感情を喚起させていたのかという目で眺めてみると、面白いかもしれないですよ。

デマ情報の訂正がむしろデマを拡散させる

コロナ禍の始まった2020年2月末、トイレットペーパーの買い占めが起こり、全国的に店頭からトイレットペーパーが消えた。きっかけとなったのは、SNSで出回った「トイレットペーパーは中国で生産されており、中国では多くの工場が閉鎖されているため、品切れが起こるのではないか」といったうわさだった。

しかしそれはデマで、実際には日本のトイレットペーパーのほとんどが国内工場で生産されており、コロナの影響を受けずに生産できる状態だった。

SNSでは個人の発信する不確かな情報が拡散し、大きな影響力を持つことがある。このデマを信じて、心配だからいつもより早いタイミングでトイレットペーパーを買った人もいただろう。だが、状況を悪化させたのは、デマのツイートではなく、デマを訂正するツイートの拡散だった。

計算社会科学者の鳥海不二夫さん（東京大学大学院工学系研究科教授）たちの研究グループは、コロナ禍におけるトイレットペーパー不足デマに関する447万6754ツイート（!）を分析した。その結果、デマ情報そのものの拡散は限定的だったが、デマを訂正する情報のほうが広く拡散されて、トイレットペーパー不足を引き起こした可能性が高いことが明らかになった。

自分ではデマを目にしていないけれど、こういうデマが出回っているから注意してというツイートが回ってきたら拡散する、という心理は理解しやすいのではないだろうか。拡散した人は善意だっただろう。ただし、クリックひとつで拡散できる善行はするけれど、情報の真偽を確かめるほどの手間はかけたくない。その結果、トイレットペーパーの品切れ現象に加担してしまったのである。

ではなぜ、デマを訂正するツイートが、デマを信じるような行動に向かわせたのだろうか。考えられる心理現象として「多元的無知」が挙げられる。

みんなが信じていると信じる「多元的無知」

多元的無知とは、「自分は受け入れていないけど他の人は受け入れている」と思い込むことだ。つまり、「私はそんなデマは信じないが、他のみんなは信じている」と思い込むことで、「デマを信じた他のみんながトイレットペーパーを買ってしまうのではないか」と考え、そうするとトイレットペーパー不足が発生することが予想されるので、自分も買っておこうという思考になってしまう。

ちなみに私も買い占めが始まるかもというニュースを目にした途端に、夫に「帰りに買えるだけ買ってこい」と指令を出し、翌日には一緒にコストコに行って水や食料もたんまり買い込んだ。じっくりモードで生きようと力説しながらこのザマである。

こうなると、元の情報がデマかどうかは関係ない。いつもちょうどよい量で流通している日用品は、いつもと少し違う行動をする人が増えるとバランスが崩れてしまう。結果的に、トイレットペーパーが不足するというデマが本当になってしまう。そしてそれをテレビなどのメディアが報道する。テレビはデマの情報を訂正するつもりで、空っぽになった棚を映す。「デマを信じた人が買って店頭からトイレットペーパーが消えてしまいました。デマを信じないようにしましょう」と呼びかける。そうすると、それを見た「理性的な」人たちが、自分以外のデマを信じる人たちが買い占めるから、自分も買っておかねばという気になる。

その気持ち、分かる、分かる、分かるよ。ばかばかしいけれど、いとおしい人間たちよ。

ネットとうまく付き合うには、デマを拡散しないだけでなく、デマの訂正も安易に拡散しないほうがよいのかもしれない。鳥海さんたちの研究は、「デマ情報を見ていないユーザーは訂正ツイートをリツイートしない」ことで社会的混乱を最小化させられる可能性も示している。「デマの訂正を拡散して何が悪いの?」と思うかもしれないが、多元的無知という現象を知っていれば、じっくりモードを登場させて、その行為の結果を想像することができるかもしれない。

多元的無知に新たなネーミングを

どうでもいい話だが、数多《あまた》の社会心理学用語のうち「多元的無知」くらい、私が覚えられないものもない。英語のpluralistic ignoranceの直訳なので、訳した人というより名付けた人の責任かもしれないが、多元的という言葉もなじみがないし、辞書で「物事の要素・根源がいくつもあるさま」という意味を調べても、この心理現象と直感的に結びつかない。

そんなことをＳＮＳでつぶやいたら、社会心理学者の北村英哉さん（東洋大学社会学部教授）が「みんなでおばか」という言葉を提案してくれた。みんなでおばか。言い得て妙であるが、分かりやすすぎて、かえって使いにくいだろうか。

「みんなでおばか」になってしまって、みんなが望まない方向に進んでしまうことほど不幸なことはない。拡散の速度が桁違いのネット社会は、みんなでおばか現象を促進してしまうのかもしれない。

時には「自分以外の人はみんな信じている」というのはせっかちモードの思い込みかもしれないと思い直し、インターネットから離れて、身近な人に直接、「実際のところ、どう思ってるの？」と尋ねてみるのがいいかもしれない。

オンライン調査で生まれる「努力の最小限化」

これまでにも何度か登場しているが、社会心理学では、研究協力者にアンケートに答えてもらうという形でデータを取ることがよくある。これを「調査法」と呼び、質問項目をまとめたものは調査票と呼ばれる。

それに対して、第1章で紹介したミルグラムの服従実験のような、実験条件を設定し、それを操作することによって行動の原因を明らかにする方法を「実験法」と呼ぶ。実験法と比べて、調査法は参加者や実験者の負担が少なく、短期間でたくさんのデータを取れる。さらに近年はインターネットを介して、ウェブベースで調査を実施するケースが急増している。

紙ベースの調査と比べたウェブベースの調査の利点は、いろいろある。参加者の範囲を広げられるし、データをコンピュータに打ち込む必要がないので入力ミスが起こらないし、なんせ研究しやすい。また調査自体も紙より柔軟な対応ができる。動画を入れることもできるし、質問順序をランダム化したりといったことも容易である。

問題点は、参加環境を制約できないことだ。参加者は、スマホやパソコンがあればいつでも気軽に答えることができるが、いつでもどこでもということが心理に影響を及ぼす可能性がある。家で答えているのか、電車で移動中に答えているのか、テレビなどを見ながら答えているのか、状況によって使える認知資源は変わってくるだろう。もし、使える認知資源が少なければ、無意識に節約しようとしてしまうかもしれない。また、紙ベースの調査では、教室のようなところに集合して依頼者の存在を感じながら行うことがよくあるが、そういった状況と比べると、依頼者のことをほとんど知らず、登録した調査会社経由で、遠隔地から、自分の端末を使ってアクセスして答えることも多い。依頼者の存在を感じにくいと認知資源を費やして努力して答えようという動機が弱くなる。

そういった理由から、オンライン調査では、目的を達するためになるべく必要最小限の努力で済ませようとする「satisfice」という現象が起きやすい。satisficeが起こることでデータが実際の心理を反映しておらず、研究結果を損なっているのだとしたら、オンライン調査を行う研究者たちは、その実態を明らかにしたうえで対策を講じる必要があるだろう。

努力を最小限化するのは悪いことではない

ところで、satisficeを無理やり日本語に訳すと「努力の最小限化」となる。努力というものは良いものである、というイメージのせいなのか、努力の最小限化と書いてしまうと、悪いことをしているようなネガティブな響きがあって、satisficeの訳語としてしっくりこない。だが、論文を投稿したときに、分かりにくいから日本語にしなさいと査読者からコメントされ、不承不承「努力の最小限化（satisfice）」と表記した。よって、本書でもここからは「努力の最小限化」という言葉を不承不承使わせていただく。

オンライン調査における努力の最小限化についての研究は、前出の小林哲郎さんと一緒に行った。具体的には、「日常生活に関する調査」と銘打ったオンライン調査の中に、質問の説明文や質問項目をきちんと読んでいるかどうかをチェックする項目を紛れ込ませた。

図12は、質問の説明文をきちんと読んでいるかどうかを知るための項目、通称ＩＭＣである。最後までしっかり読んだ人は、どの選択肢もクリックしないはずであるが、長文を読むのが面倒くさくなって読み飛ばした人は、下の質問項目の文章だけを見て自分にあてはまるものを選んで丸をつけただろう。

また、質問項目をきちんと読んでいるかどうかを知るために、「この設問は必ず『一番左（右）』の選択肢を選んでください」という項目も加えた。

可視化された「質問の指示に従わない人たち」

調査は２つの調査会社に依頼したが、質問の指示に従わなかった人（ＩＭＣ違反群）の比率は、Ａ社が51・２％、Ｂ社が83・８％と調査会社間で大きな差が見られた。尺度項目の指示を守れたかどうかを示したのが図13である。質問の説明文の指示に従った（ＩＭＣ遵守群）けれど、質問項目の指示に従わなかった人は、全体の質問数が10項目と30項目の場合、Ａ社で１・０％とかなり低い。ただし、全体の質問が50項目とな

図12　質問の説明文を最後まで読んでいるかどうかを知るための項目（IMC）例

あなたの日常的な行動についておたずねします

人間の意思決定に関する近年の研究で、人間の決定は「真空」状態でおこなわれるものではないことが知られています。個人の好みや知識、そしてその人がそのときどんな状況にあるかが、意思決定過程に重要な影響を及ぼすのです。われわれはこうした意思決定過程の研究のため、あなたの意思決定者としてのある要素を知りたいと考えています。つまり、あなたがこの指示を時間をかけてよく読んでいるかどうかに興味があるのです。もし誰もこの指示をお読みになっていないとしたら、指示内容を変えることが意思決定に与える影響を見たい、というわれわれの試みは効果を持たないからです。そこで、あなたがこの指示をお読みになったなら、以下の質問には回答せずに（つまり、どの選択肢もクリックせずに）次のページに進んで下さい。よろしくお願いいたします。

	あてはまらない	あまりあてはまらない	どちらともいえない	ややあてはまる	あてはまる
1. さまざまな意見を聞いたり議論したりすることが楽しい	1	2	3	4	5
2. 政治や経済など、社会の出来事や状況に常に関心をもっている	1	2	3	4	5
3. 自分の知識や経験を社会のために生かしたい	1	2	3	4	5

出典：三浦・小林（2015）に基づいて作成

図13　質問項目をきちんと読まない回答者は少なくない

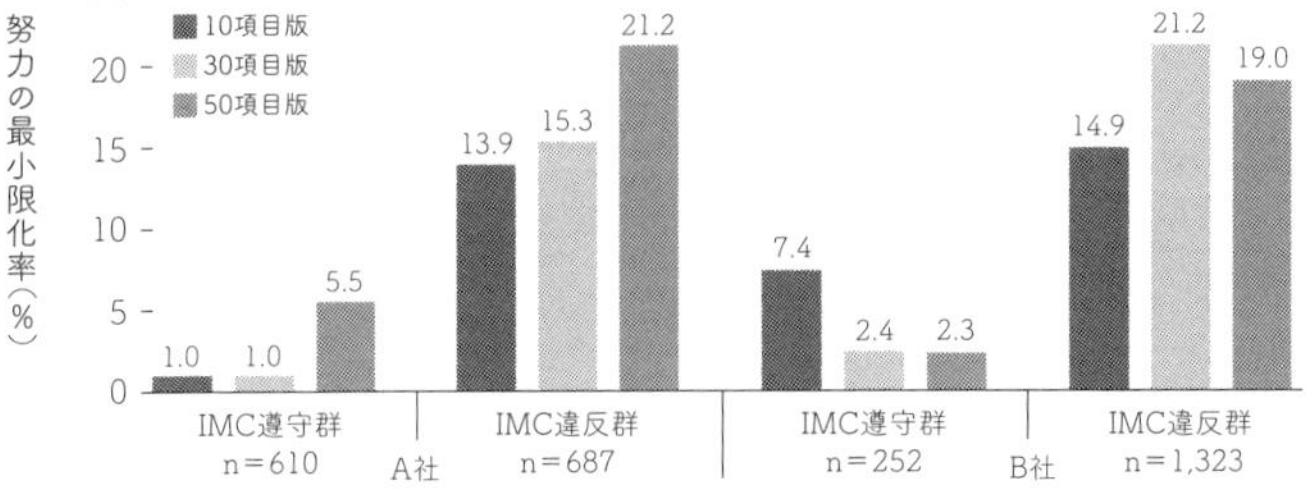

出典：三浦・小林（2015）に基づいて作成

ると努力の最小限化率がぐっと上がることが分かる。それは、質問の指示に従わなかったＩＭＣ違反群も同様だ。一方、Ｂ社のほうはＡ社よりもやや複雑なパターンを示し、全体の質問項目数が増えると逆に努力の最小限化率が下がる現象が起きている。なぜこのような反応が生じたのかは明らかではないが、どの調査のモニターであるかによって、同じ実験でも反応パターンが異なる現象が見られたのは興味深かった。

Ａ社とＢ社は調査協力に対する報酬の形態が異なることが、両社の結果に差が出た理由のひとつとして考えられる（Ａ社の参加者には抽選で５００円が払われる。一方、Ｂ社は協力者すべてに同額がポイントとして付与され、数円から50円未満の数十円が支払われる）。

オンライン調査は、従来の方法と比べてデータ収集にかかるコストが低く、収集できるデータの量と質の両方を充実させることができる有効な手段であることは間違いない。だが、この研究が示すように、協力者の質で研究のデータが左右されるという面もあることに留意したい。この研究はいくつかのメディアで取り上げられた。その中には「ネット調査、『手抜き』回答横行か」という見出しもあった。努力の最小限化という言葉よりさらにネガティブな響きがある手抜きという言葉の強さに、随分、関係各位からの不興を買ってしまった（私たちのせいではないのに）。しかし、その分反響も大きく、論文ダウンロード数も被引用数もかなり多かった。

「手抜き」をしたくなるのは状況のせい

努力を最小限化していることを手抜きと言われればそうかもしれないが、参加者もしたくて手を抜いているわけではない。オンライン上の調査という状況が、そうさせているのである。

オンラインという状況で調査をする以上、努力の最小限化を完全に防ぐことはできない。常に真面目に取り組む人だけを選んで参加してもらったとしたら、それはそれで偏ったサンプルだということになる。私たちがこの研究で伝えたいのは、「参加者はもっと真面目に質問の説明文や質問項目を読め」ということではない。研究者に、「参加者が努力の最小限化をしたくなるような状況を作らないように工夫しましょうよ」と言いたいのだ。

大量の質問項目への回答を求めた挙句、ひとつふたつの努力の最小限化の検出項目に「違反」した回答者のデータを一律に分析対象から除外したとする論文で、私たちの研究が引用されているのを目にすると、「大量の違反者を出すような調査をするほうに問題があるのでは……」と、とても悲しい気持ちになる。

図12のような長くて分かりにくい文章を呈示すれば、最後まで読むのを省略したくなる。直感に反する指示を出せば間違うし、質問項目が多すぎると疲れてしまうのが人間だ。

工夫の仕方はいろいろある。たとえば、努力の最小限化が起きても、指示された答え方に違反した参加者に警告を与えることで、以降の回答行動が修正されることも、その後の研究で示された。さまざまな「人間らしい」現象に注意しながら、研究デザインを考えていくことで、オンライン調査だからこその成果を出していけるといいと思う。

気がつくと周りは賛同者だらけ

人の心理を研究していると、人は見たいようにしかものを見ないのだなあという思いがますます強まっていく。しかも、わざとそうしているわけではない。ほとんどのケースが認知バイアスによって無自覚に起こるから、自分はもしかしたら見たいものだけを見ているのであって、他人が見ている世界や現実の物理現象とは違うのではないかという疑いになかなかたどりつかない。

インターネットは、人間の見たいようにものを見る傾向をさらに助長させる。特にSNSは、現実社会と比べて圧倒的に「見える」ものをコントロールすることができる、「見たい」ものだけが「見える」世界となりやすい。

インターネットによって、遠く離れた場所から発信されているさまざまな情報に、瞬時にアクセス可能になり、自分の生活圏では出会わない人とも交流できるようになった。そのおかげで世界が広がった面もあるが、一方で、極端に偏った意見にしか接さないような状況も作り出すことになったのは皮肉な話である。

　対面による現実の世界しかなかったときは、自分の苦手なものからも情報を摂取する必要に迫られることもあったが、インターネットでつながった世界では、好きなものだけを見聞きして暮らすことができる。

　もともと人には、自分の思い込みや望みを強化する情報にばかり注意が向いて、そうでない情報は軽視してしまう、「確証バイアス」という心理傾向がある。普段の生活でも、自分の思い込みを強化するようなニュースやうわさ話は採用するけれど、そうでないものは聞き流してしまうといった無意識の取捨選択が起きている。オフラインの世界なら、自分の思い込みに合わない情報に触れる機会はいろいろと残されているが、検索ワードや検索結果の取捨選択によって、見えるものをコントロールしやすいインターネットでは、そもそも合わない情報に触れる機会も少なくなってしまう。

エコーチェンバーとフィルターバブル

SNSは、自分と似た意見や思考の人々が集まる閉じた空間になりがちである。そういった空間でコミュニケーションが繰り返されると、特定の意見が反響するがごとく、みんながどんどん賛成して増幅される。本当はその狭い空間だけで反響しあっているだけなのに、「みんなそう言っている」と思い込んでしまうのである。この現象を「エコーチェンバー」と呼ぶ。日本語に直すと「反響室」だ。たくさんの人の声と思い込んでいるものは、自分と似た少数の人の声のエコーにすぎないのである。

エコーチェンバーによく似ているが、ネット空間を提供するシステム環境が原因で認知に偏りが生じる現象を、「フィルターバブル」という。コミュニケーション空間やコンテンツを提供するシステム側は、ネット利用者個人の検索履歴やクリック履歴を分析して学習することで、利用者に「合った」情報を優先的に表示させようとする。たとえ利用者が偏りなく情報を見たいと望んでいたとしても、システムが勝手にアルゴリズムによって情報を選別し、利用者の考え方や価値観に合わない情報から隔離してしまう。その結果、利用者はいつの間にか、自分の考え方や価値観に合う情報で構成された泡（バブル）の中で孤立してしまう。

どれだけ認知バイアスを働かせないように気をつけていても、インターネットにアクセスしている時点で、あなたはすでにバブルの中に囚われているのである。

大きなビジネスの判断や、命に関わる医療的判断を行うときは、インターネットから得る情報にはすでにバイアスがかかっていることをふまえて、ネット以外の手段からも情報を手に入れることを意識したほうがいいだろう。

ちなみに、このような反響室やバブルの中にいることは、本人にとっては心地好い状態でもある。ネット上で得る情報がそういった偏ったものであることを自覚したうえで、危険のない情報に限るなら、あえて浸るのも悪くないかもしれない。

阪神が勝った翌日に限定されるが、YouTubeで阪神タイガース公式チャンネル、虎バンとトラトラタイガースチャンネル（いずれも関西ローカルテレビ局の阪神応援番組）、そして佐藤義則（元阪神コーチ）チャンネルばかり見ている私は、阪神フィルターバブルに陥り、エコーチェンバーで阪神愛がいや増すばかりである。とても幸福である。

第6章

創造的な思考ができる

創造性が生まれる条件

私の母は、同じ敷地の隣の家に住んでいるにもかかわらず、私の安否をSNSで確認している（ちなみに母が投稿することはなく、見る専だ）。そして、1日何も投稿しなければ、どうしたのかと心配してくれる。私がふとした疑問を投稿すると、その日のうちにメールに答えが飛んでくる。

つまり、安否の確認に使えるほど、私が毎日SNSに投稿しているということになる。SNSなど見ずに研究に集中しろと思われるかもしれないが、私の場合、新たな研究アイディアを思いつくのは、少し気が散っているときなので許してもらいたい。特に、SNSには自分に似た人が多く、その一方でいろいろな話題が展開するので、ほどよい気の散り具合になるのである。

第5章の冒頭でも言及したが、実際に、私の研究の多くが、SNSでのやりとりがきっかけになって生まれている。社会心理学者の誰かのぼやきに、同業者の何人かが次々つっこんで、いっそ調べてみたら面白いかも……などと展開されて、そのまま共同研究に突入する。

新しい研究が生まれることを創造性のひとつと捉えるのなら、適度なＳＮＳでのやりとりは、創造性を高めることにつながるのかもしれない。まあ、きちんと調べていないので「私の場合は」という但し書き付きになるが。

人の心や行動は、個人の資質だけでなく状況にも左右される。だとしたら、創造性も状況の影響を受けるはずだ。

乱雑な環境は創造性を高めるのか

一般的には、どちらかというと、整っている状態の中にいるより雑な状態の中にいるほうが、創造性が高まると考えられているようである。例えば、「Thinking Outside the Box（箱の外で考える）」という英語表現がある。創造的思考のためには箱から出よ、つまり、従来の枠組みにとらわれず、型にはまらないようにしようというという成句である。整えられた環境ではないところにあえて身を置くことが、創造性には必要だという成句である。

物理学者アルベルト・アインシュタインの机は、乱雑に散らかっていたとされる。亡くなった日に撮られた机の写真には、積み上がった大量の書類が雪崩《なだ》れて机上を埋めている様子が写っている。これを見ると、アインシュタインのような創造的な仕事は乱雑な環境から生まれるのだと言いたくもなる。しかし一方で、きっちりと整った仕事場で創造的な仕事を成し遂げる人たちも存在する。

本当に乱雑な環境が創造性を高めるのだろうか。

これを実証しようとする研究は存在する。整理整頓された部屋と散らかった部屋とで、創造性を測る課題に挑戦してもらったところ、散らかった部屋で作業をした人のほうが創造性は高くなったという、２０１３年のアメリカの研究だ。だが、この研究以外には、これといって類似した結果を示す研究は見当たらず、心理学的にはっきりした現象はなかなか見えてこない。

おそらく、雑然とした環境は創造性を刺激するかもしれないが、逆に気を散らせてしまったり落ち着かなかったりして、本来促進したい創造性が阻害されてしまう可能性もあるからだろう。つまり、雑然とした部屋で創造性を発揮できる人は、雑然とした環境にストレスを感じない人だけなのかもしれない。

結局のところ、「人による」としか言いようがない。もう少し社会心理学っぽく言えば、状況を活かすも殺すも、その人次第という感じだろうか。

ただし、環境が創造性に何の影響も与えないということはないだろう。どういう場所や状況なら創造性が高まるかを一般化することは難しいが、自分自身が、どういう状況なら創造性を発揮しやすいかを、いろいろ試して探究してみると面白いかもしれない。あなたが創造的なアイディアを出せないのは、すみずみまで整ったおしゃれなオフィスのせいかもしれないし、もしくは、散らかった部屋のせいかもしれない。

他人のことは変えられないから自分を変えよう、などと自己啓発本にはよく書いてあるけれど、自分を変えることだって難しい。状況を変えることのほうが着手しやすいのではないだろうか。アイディアに行き詰まったときは環境を変えてみて、状況が心理に及ぼす影響を自身で検証してみると、創造性を高めるヒントを得られるかもしれない。

あいまいさに耐えることと創造性の関係性

創造性とは何かということを、一律に定義するのは難しい。目的や分野や状況によって、創造性という言葉が意味することは変わってくる。だが、少なくとも知識を問うクイズや学校のマークシート式テストのように、すでに正解がある問題の答えを探し当てる行為とは、違うものだと言うことはできるだろう。

辞書によると「創造」とは、「人まねではなく、新しいものを自分で作り出すこと」である。新しいものやアイディアを作り出すためには、これまでとは違うやり方が必要になる。作り方から考えなくてはならないし、できあがったものを評価する基準も存在しない。手っ取り早くインターネットで検索したり、生成ＡＩに問いを投げたり、誰かに聞いたりして、手軽な答えを見つけて早々と納得してしまえば、あいまいな状態から抜け出すことができるが、そうやって出てきた答えは、たいてい創造的なものではない。

新しいものを作り出す創造のプロセスは、視界の悪い霧の中、道なき道を、不確実なゴールに向かって進むようなもので、あいまいさのオンパレードだ。うまくいかなかったとしても、何が間違っているのかも分からない（方法なのか、ゴールなのか、そもそもの課題設定なのか）。あいまいな状態に耐える力がなければ、何かを創造することは難しいだろう。それどころか、未知の領域に踏み込む勇気が出ず、創造を試みることすらできないかもしれない。

ネガティィブ・ケイパビリティとシェイクスピア

あいまいさに耐える力と同じような意味で使われるのが、「ネガティィブ・ケイパビリティ（negative capability）」だ。これは、詩人のジョン・キーツが弟への手紙の中に登場させた言葉として知られている。

capabilityは能力・才能といった意味で、negativeは、ここでは否定的という意味ではなく、消極的な・控えめなという意味合いで使われている。キーツによると、

「ネガティブ・ケイパビリティ」というのは、シェイクスピアがもっていた資質であり、キーツは手紙の中で、「capable of being in uncertainties, mysteries, doubts, without any irritable reaching after fact & reason（不確実性、謎、疑念の中にあってもいら立ちを覚えることなく、事実と理性を追い求めることができる力）」と説明している。

数々の創造的な活動を成し遂げたシェイクスピアが、他の人よりネガティブ・ケイパビリティに長けていたのかどうかを証明することは難しいが、少なくとも、シェイクスピアの紡いだ物語には、ネガティブ・ケイパビリティが必要となる場面が多く描かれている。登場人物たちは葛藤の多い運命を背負っているし、物語自体も正義と悪が分かりやすく対決するというものではない。結末だって、単純なハッピーエンドというわけにはいかない。だからこそ、時代を越えて何度も上演され続けているのだろう。

シェイクスピアという特異な才人や作品の創造性を社会心理学の研究対象にすることは難しいが、ネガティブ・ケイパビリティに創造性を発揮するためのヒントがあるということは言えるのではないかと思う。

あいまいさ耐性と創造性

あいまいさに耐える力（＝あいまいさ耐性）と創造性との関係を調べた研究もいろいろある。たとえば、1990年のアメリカの研究では、創造性の高さと、あいまいさ耐性と遊び心が高いことに有意な相関が示されている（「有意な相関」というのは研究論文でよく登場する表現だが、「この世がAとBには関係がない世界だと仮定すると、実際にAとBにこういう相関が得られる可能性は十分に低いので、AとBに関係ないとは言えない」という意味だ。こんなことばかり言っていたら本を閉じられてしまいそうなので、統計的に関係がある可能性が高いことが示されていると理解してもらえたら十分です）。また、青少年とその親の創造性とあいまいさ耐性との関係を調べたフランスの研究（2008年）では、あいまいさ耐性は創造性と大きくプラスの関係が示された。

せっかちモードに支配されているときの私たちは、物事を見たいようにしか見ない。直感的で、いつものパターンに沿って判断しがちで、さまざまな認知バイアスにも囚われている。もちろんそういった直感が創造性に寄与する面もあるだろうが、「その先」まで思考を進めないと、新しいものを生み出したり、形にしたり、独創的なアイディアを出したりすることはできない。

日々の生活のちょっとした困りごとは、ネットで検索したり生成ＡＩと問答したりして手軽に解決しても、特に問題はないだろう。だが、時にはこうした手段では容易に解決できない問題に向き合う必要も出てくる。これは、創造性が求められる職業についている人に限った話ではない。たとえば、人生の困難にぶち当たったときに、多数派の答えが自分にぴったりあてはまるとは限らない。そもそも正解が存在しないことのほうが多いだろう。そんなときには、あいまいさに耐えてじっくりと考え、自分自身が納得できる答えを創造しなくてはならない。

創造性は、自分らしく生きていくために必要な力だと言えるだろう。この章では、そんな誰もが必要とする力とあいまいさに耐える力の関係について、考えていきたい。

集団が創造的になる条件とは

コロナ禍初期の2020年4月から、布製マスクが全世帯に2枚ずつ配布されたことを覚えているだろうか。安倍政権のもとで行われた施策だったため、通称「アベノマスク」と呼ばれていた、あれだ。

マスク不足が徐々に解消されつつあった時期であり、布マスクは不織布マスクよりも防御効果が低いということもあり、もらったけれど使わなかった人も多かった。

使わないからといって、ただ捨てるのでは税金がもったいない。ネット上では、アベノマスクをマスク以外の用途に活用するアイディアが続々と投稿された。布マスクはほどけばガーゼになるため、ハンカチにもなる。何枚分かをつなぎ合わせれば産着になる。中でも感心したのは、水で濡らしたアベノマスクにブロッコリーの種を蒔《ま》くと、スプラウト（カイワレ大根のようにブロッコリーの芽を野菜として食べる）が収穫できるというアイディアだった。テレビでも紹介されていたようだ。

社会心理学の実験では、創造性を測定するひとつの手法として、特定の品物の新しい使い方を考える課題をよく使う。アベノマスクは感染予防にはどうにも心許《こころもと》ないものだったが、創造性課題の材料としては最適であったかと思った。

創造性というものを、たとえばシェイクスピアのような、天才と呼ばれる人たちに特有の能力であると捉えてしまうと社会心理学として研究することは難しい。しかし、たとえば「新しい価値を見出すこと」のように定義すれば、その定義に合うかたちで創造性を測定することが可能になる。

集団という状況が創造性に与える影響

たとえば、CD－ROMディスクの新しい使い方を考える課題で、創造性を測定したことがある。CD－ROMは音楽やデータを保存して再び読み出すための記録媒体だが、それ以外の使い方を考えてもらうと、図14のようなアイディアが出てくる。

では、この課題にどういう状況で取り組めば、より創造性の高いアイディアが生ま

図14 CD－ROMディスクの利用方法

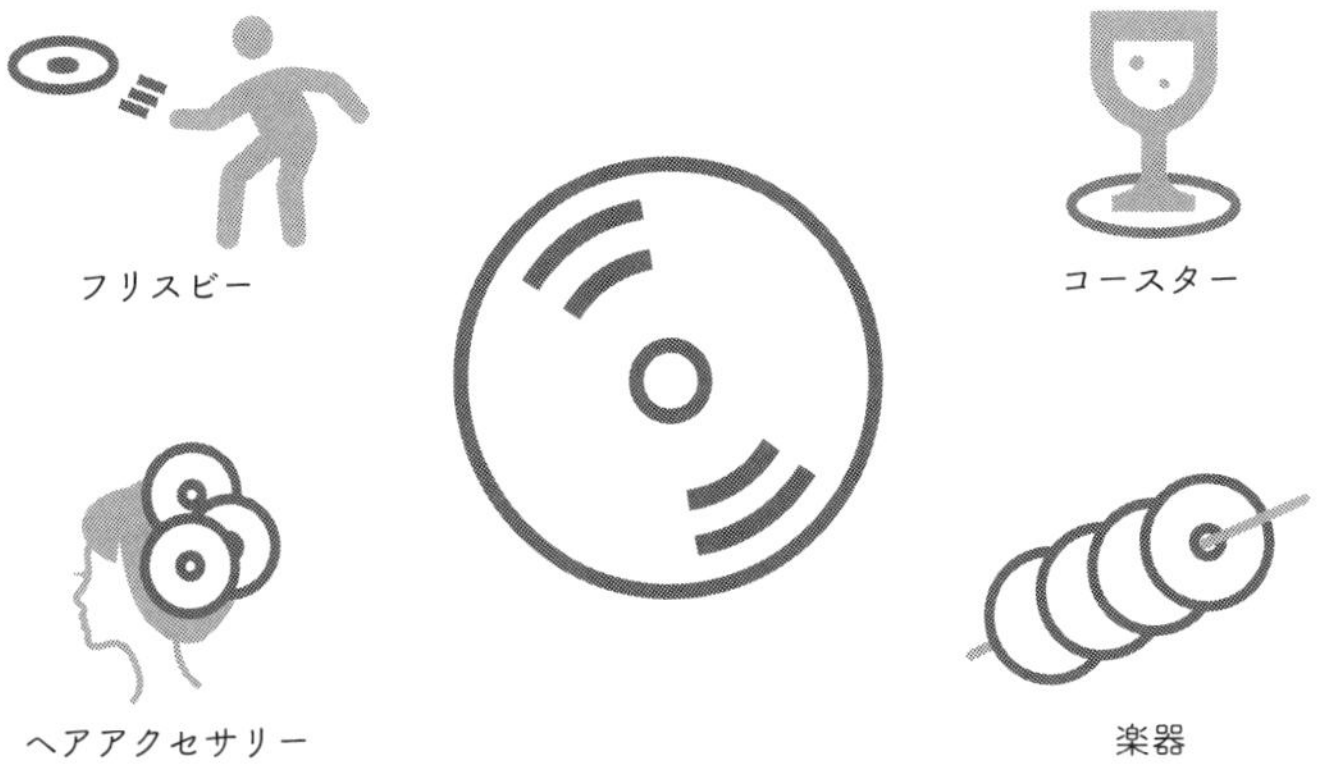

れるだろうか。先ほど紹介したのは、仕事部屋のような場所の状態との関係を検討した研究だったが、私と同じく、創造性に関心を持っていた先輩社会心理学者の飛田操さんと一緒に、集団の多様性と類似性に注目して研究を行ったことがある。「集団」という環境が、創造性にどのような影響を及ぼすのかに興味を持っていたからだ。

「三人寄れば文殊の知恵」ということわざは、ひとりで考えるより3人で考えたほうが、仏教で知恵を司るとされる文殊菩薩のごとく素晴らしい知恵が出るという意味だが、一方で烏合《うごう》の衆ということわざもある。

集団という状況は、創造性を高めるのか、

阻害するのか、どちらだろうか。

同じような実験条件で個人が個別に考えたアイディアと、集団で考えたアイディアとを比べてみると、集団の創造性の影響を調べることができる。しかし、実証的な比較検討を行った研究のほとんどが、集団で考えたアイディアは、個人で考えたアイディアよりも創造性が劣るという結果を示してきた。

集団の創造性が阻害される要因のひとつとして、「プロセス・ロス」が考えられる。プロセス・ロスとは、集団サイズが大きくなるにつれて「社会的手抜き」が発生し、一人ひとりの課題遂行に対する動機づけが減少することや、課題遂行のためのコミュニケーションや努力の相互調整にかかるコストが増大して、結果的に集団のパフォーマンスが低下することを指す。

個人で考えたほうが創造的になれるのなら、会議の時間は無駄じゃないか……と、ため息をつきたくもなるが、集団だからこそ成し遂げられることはないのだろうか。個人の場合よりも創造性が高くなる集団もあるのではないだろうか。もし、そのような集団があるのだとすれば、どういう集団が創造的になれるのかを知りたくはないだろうか。

先行研究では、集団の多様性が高いと創造性も高くなることが示されている。しかし、いろいろな人で構成された集団は、似たような人たちで構成された集団よりもコミュニケーションをとるのが難しかったり、意見が合わなくて対人葛藤が起きたりするだろう。その面から見ると、多様性が高いことが創造性を阻害する可能性がある。

私たちは、集団の創造性とメンバーの多様性の関係を調べる実験1と、多様性に加えて類似性との関係も調べる実験2を行った。

参加者には、最初に個人でCD－ROMディスク（実験1）または針金ハンガー（実験2）の本来の目的とは異なる利用法を考えてもらった。その次にランダムに3人ずつの集団を作り、一緒に同様の課題に取り組んでもらった。この際、個人で出したアイディアの中から選ぶのではなく、これらをもとに集団としての新たなアイディアを出すことを目指してもらった。

集団メンバーの多様性と類似性については、実験2の参加者には個人セッション時のアイディアをカテゴリー化することによって評価した。先行研究では集団の多様性と類似性を政治信念や職業的興味、大学の専攻など、個人の属性によって評価したものが多かったが、私たちの研究ではそのような属性は考慮せず、個人で出したアイデ

図15　属性ではなくアイディアをカテゴリー化し、分類

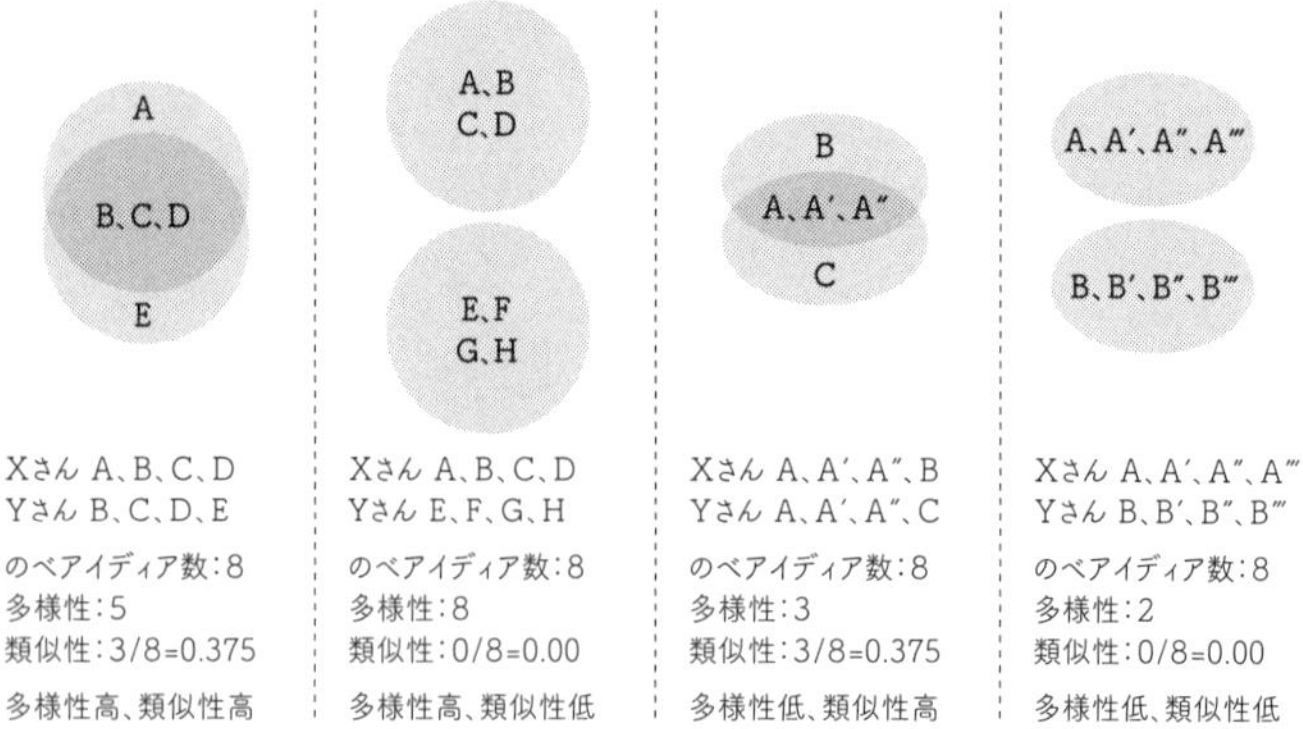

A B、C、D E	A、B C、D E、F G、H	B A、A'、A" C	A、A'、A"、A‴ B、B'、B"、B‴
Xさん A、B、C、D Yさん B、C、D、E	Xさん A、B、C、D Yさん E、F、G、H	Xさん A、A'、A"、B Yさん A、A'、A"、C	Xさん A、A'、A"、A‴ Yさん B、B'、B"、B‴
のペアイディア数：8 多様性：5 類似性：3/8＝0.375	のペアイディア数：8 多様性：8 類似性：0/8＝0.00	のペアイディア数：8 多様性：3 類似性：3/8＝0.375	のペアイディア数：8 多様性：2 類似性：0/8＝0.00
多様性高、類似性高	多様性高、類似性低	多様性低、類似性高	多様性低、類似性低

出典：三浦・飛田（2002）に基づいて作成

イアによって評価し、できるだけ純粋に「発想の多様性」そのものを調べられるように工夫した（図15）。

集団が創造的になるには多様性と類似性が必要

実験1の結果、集団のメンバーのアイディアの多様性が高いからといって、必ずしもその集団が高い創造性を発揮するとは限らないことが示された。

また実験2の結果、メンバーのアイディアの多様性が高い集団と、類似性が高い集団のいずれも、集団の創造性が高いことが示された（図16）。

これらの結果から言えそうなことは、集

図16　集団が創造的になるには、類似性も必要

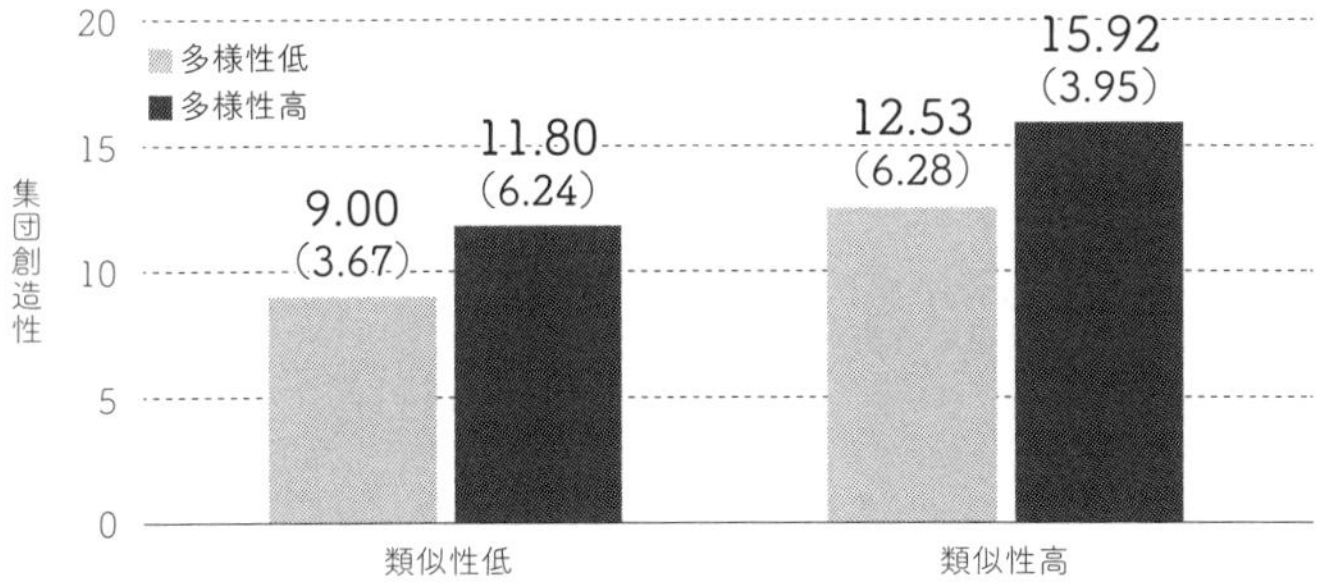

各条件の集団創造性の平均値（標準偏差）
（1基準以上平均値を超えたアイディアの数；実験2）

出典：三浦・飛田（2002）に基づいて作成

団が創造的になるには、集団のメンバーがそれぞれユニークで多様な視点をもっているだけでなく、類似性も必要となるということだ。あまりに類似性がない集団だと、評価の基準や価値観を共有するためのコミュニケーションコストが高くなり、創造性が阻害されるからだ。

さらに興味深いのは、多様性と類似性がともに低い集団は集団の創造性パフォーマンスが最も低かったにもかかわらず、課題に関する満足度は高かったことだ。コミュニケーション自体が目的であればこれでもよいかもしれないが、成果は出ていないのに満足度が高い状態は、進め方の見直しに至りにくくするかもしれない。満足度が高いのにパフォーマンスは低いということが起こり得ることを知っていると、冷静な評価につながるだろう。

三人集まって文殊の知恵を生み出すためには、集団のメンバーの発想が多様であり、さらに、お互いに共通する基盤があることが重要なようだ。あまりにも似た者同士だとあいまいさがなく、分かりやすくて議論もスムーズかもしれないが、その分、議論に広がりがなくなる。かといって、まったく異質な者同士だと共通する基盤がなく、あいまいすぎて捉えどころがなくなってしまう。

では共通する基盤がない集団は創造的になれないかというと、必ずしもそうとは言えないと思う。たとえ共通点がないように思えても、意識すれば共通する基盤を探すことができる。それぞれが持っている情報（知恵）が別々だったとしても、とりあえず場に出してみる。そうすれば、もしかしたら共通点が見つかるかもしれない。

これは創造的な課題に限らず、日常のコミュニケーションにもあてはまる。初対面の人と話すとき、共通点が見つかると話が盛り上がる。だから、最初はちょっと探りながら共通点を探すやりとりをする。それと同じで、集団が創造的になる条件を知っていれば、その条件に近づけるように持っていくことはできる。多様な発想をするメンバーが、お互いにちょっとした接点を見つけようとしながら協働できれば、創造的なアイディアを生み出せる集団になれるだろう。

創造性を阻む数々の認知バイアス

第2章でリスクや利益の見積もりを誤らせる認知バイアスをいろいろ紹介したが、認知バイアスの中には創造的な思考を阻むものも結構ある。日頃から、あいまいさに耐えられず、せっかちモードで行動していると、新しいものを作り出したり、人とは違う独創的な考えを思いついたりすることができにくくなる。

たとえば、「同調バイアス」は、周りの人の行動を参照してそれに同調してしまう心の傾向だ。「同調圧力」という言葉をよく聞くようになったが、同調バイアスが起こるのは、必ずしも、多数派が「同調せよ」という圧力をかけているときだけではない。誰も強要していなくても、自分でじっくり判断するのが面倒くさいので周りに合わせてしまうのが、同調バイアスだ。いわゆる空気を読む行為と言えるだろう。

第1章で「社会心理学の三大有名実験」のひとつとして紹介したアッシュの「同調

図17　アッシュの同調実験の課題と参加者

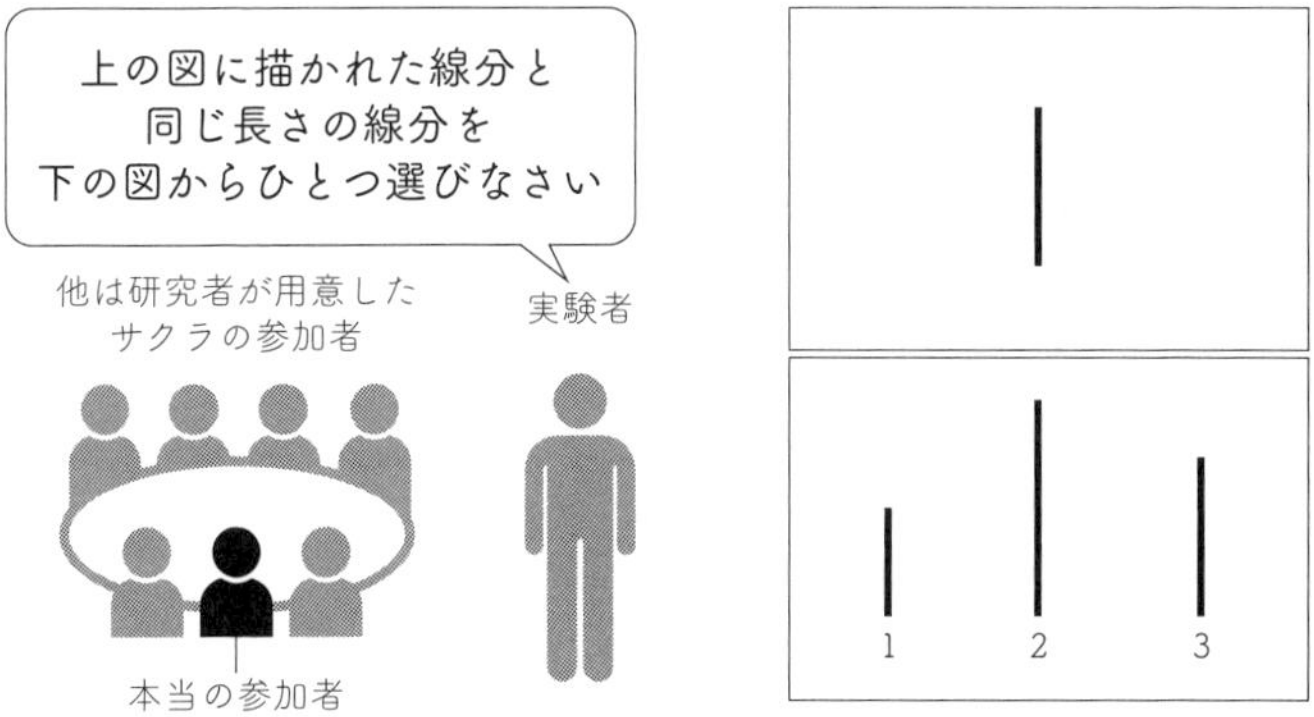

出典：Asch（1955）に基づいて作成

実験」では、参加者に長さの違う3本の線を見せて、上の図に書かれた線分と同じ長さの線分を下の図からひとつ選ぶという課題を用いた。

このような課題を、7人が1部屋に集まった状況で、12問実施する。7人全員が実験参加者であるグループと、本当の参加者は1人だけで他は研究者が用意したサクラという条件のグループを用意する（図17）。サクラは練習では全員が普通に正解を答えるが、本番では全員がわざと同じ間違いをする。たとえば図17なら、練習では3を、本番では1と答える。

その結果、7人全員が本当の参加者の場合（統制群）では、12問すべてでほとんど

図18 アッシュの同調実験の結果

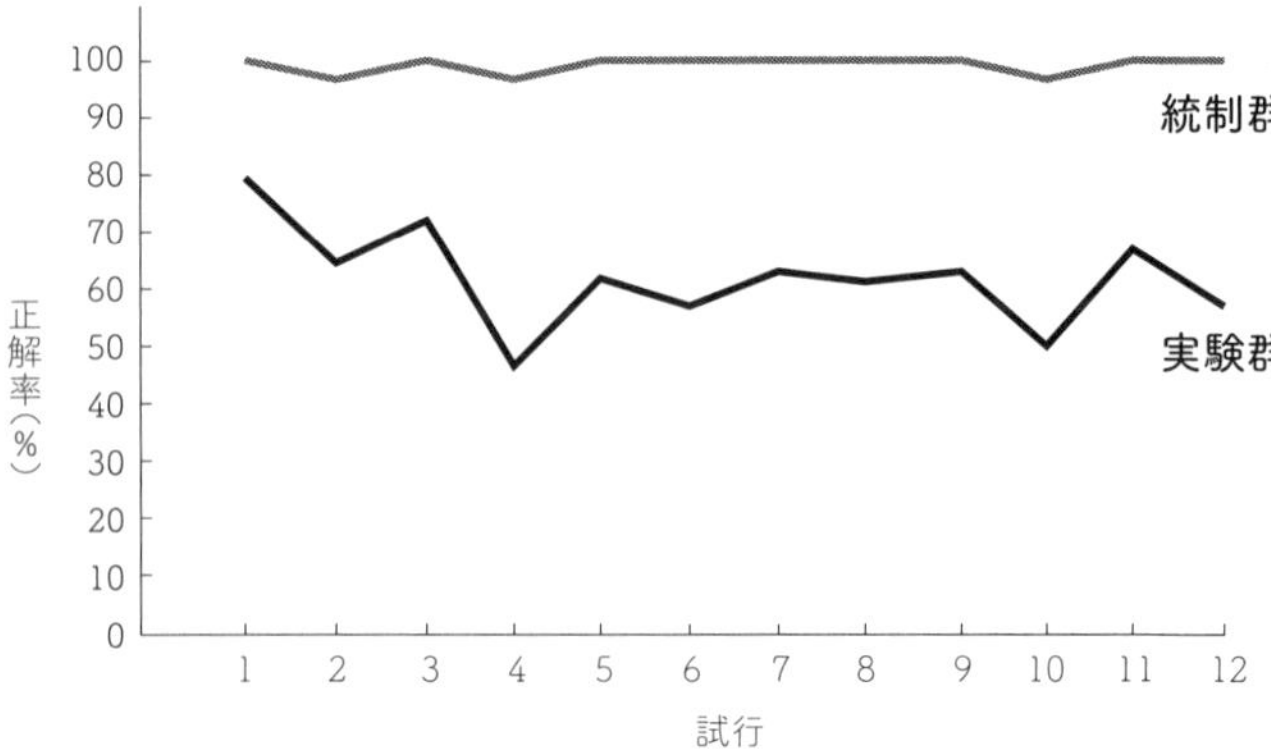

出典：Asch（1955）に基づいて作成

の人が正答したが、わざと間違えるサクラに囲まれた参加者（実験群）は、選択の36・8％で多数派への同調が起こった。さらに実験群の参加者のうち、76％が少なくとも1回は多数派に同調した（図18）。

皆さんならどうするだろうか。自分以外の6人が別の答えで一致しているときに、ひとりだけ違う答えを正解だと確信できるだろうか。

バイアスが発想の幅を狭める

線分の長さのように、はっきりとした正解がある場合でもこれだけ多数派に流されてしまうのだから、創造性が必要となる、明確な答えが存在しないようなプロジェクトでは、このような認知バイアスがあることを意識していないと、自分独自のアイディアを守り育てていくことは難しいだろう。

アッシュによると、この実験に参加した人々は、ほぼ全員が「独立性は同調よりも好ましい」という意見に同意していたそうだ。それでも多数派に同調して意見を変えてしまうのだから、認知バイアスの影響力の大きさが伝わってくる。

しかし、同調することは悪い面ばかりではない。特にこだわって抗う必要のない場面で同調することは、他者の視点を考慮し、集団内の調和を維持することにつながる。集団が創造的になるためには、多様性だけでなく類似性も必要だったように、コミュニケーションを円滑に進めるべき場面と、他者に同調せず独自のアイディアを打ち立てるべき場面とを意識して、思考モードを切り替えられるといいのかもしれない。

他にも、第5章で紹介した自分の仮説を支持する情報ばかりを集めてしまう「確証バイアス」や、地位が高い人の意見を正しいと思い込む「権威バイアス」、他者のイメージを先入観で決めつけてしまう「ステレオタイプ」（第7章で詳述）も、発想の幅を狭め、創造性を阻むだろう。

創造的な思考を行うためには、これまでの失敗や成功を正しく評価することが必要だが、第2章で登場した「回顧バイアス」や、結果を知ってから「やっぱりそうだと思った」と考えてしまう「後知恵バイアス」は、過去の経験の評価を歪ませてしまうかもしれない。数え上げたらきりがないが、あいまいさに耐えられずにせっかちモードを作動させてしまうと、認知バイアスの罠に陥りがちだ。

そんなふうに自覚していれば、何らかのバイアスの罠に陥ってしまったとしても、そこから這い出ることができるだろう。

オンライン会議では独創的なアイディアが出にくい

　コロナ禍でZoomなどの動画通信が急速に普及した。コロナ前はZoomなんて、名前も知らなかったという人も多いだろうが、動画通信の技術自体は、ずっと以前からあった。動画通信によるコミュニケーションをテーマにした研究も行われたが、動画通信が普及しなかったため、研究も廃れてしまった。

　顔を見て話したければ会いに行けばいいし、そうでなければ、わざわざ顔を見せたくはない。それがコロナ前の私たちの感覚だっただろう。それがコロナ禍になって、顔を見て話したいけれども会いに行けないという事態に陥った。会いにいく代替行為として、動画通信が広まった。中には、コミュニケーション相手や所属しているコミュニティの人たちが使うから、強制的に使わざるを得ない状況になった人もいるだろう。

普及すると新たな使い道も生まれてくる。わざわざ対面で集まる必要はないが、同時に情報を共有したほうがいい会議などは、オンライン上で行うと便利だ。また、離れた場所に住んでいて全員の予定を合わせるのがとても大変でも、オンラインなら比較的合わせやすい。リモートワークもただの概念ではなく現実に行われるようになり、会社などに出かけず家で仕事をする人も増えてきた。

オンラインでも対面と同じようにコミュニケーションができるのであれば、満員電車に乗ることもないし、高い交通費を払って出張することもない。では、顔も声も提示されて対面の環境にかなり近い形でコミュニケーションができる動画通信に、デメリットはないのだろうか。

対面かオンラインかで共同作業の創造性に違いはあるか

よく聞こえてくるのは、情報を共有する事務的な会議はいいが、アイディアを出し合ったり新しい企画を始めたりするときには、「やはり対面がいい」という声である。

2022年にアメリカの研究グループが、オンライン会議は創造的なアイディアの

図19 対面とオンラインでは、視覚範囲が異なる

出典：Brucks & Leavav（2022）に基づいて作成

創出を阻害することを示した論文を『Nature』誌に発表した。この研究グループは、図19のように対面かオンラインのどちらかに参加者の環境を割り振り、ペアで協力してアイディアを出し合う作業をしてもらった。その結果、オンラインで共同作業をしたペアは、対面ペアに比べて、出てきたアイディアの総数も独創性も大幅に減少したことが分かった。

なぜ、このようなことが起こるのか。研究グループが注目したのは、オンラインの場合は共有される空間が狭いことである。対面であればどこを見ていても同じ部屋にいることを意識できるが、オンラインの場合は、相手と同じ空間を共有していると感

じるためには、パソコンやスマホの画面を見るしかない（図19）。そのことが視覚範囲を狭め、認知の範囲も狭めるのではないかと、研究グループは仮説を立てた。

そこで、参加者の視線を記録し、作業中に何を見ていたのかを解析すると、オンライン作業をしたペアは、パートナーを直接見ることに多くの時間を費やしていたことが分かった。

オンラインでの会議は対面よりも疲れると感じている人がいるとしたら、その理由のひとつは、パソコン画面という狭い範囲に目の焦点を合わせ続けなければならないことかもしれない。認知資源は有限なので、そこで疲れてしまえば、創造的なアイデアに費やす分が少なくなる。

遠隔メンバーで構成された集団の創造性

2023年にも『Nature』誌にリモートワークに関する研究が発表されていた。イギリスの研究グループによる研究で、実験ではなく、システマティックレビューと呼ばれる方法で、すでに発表されている論文や特許出願を分析し、研究メンバー同士の物理的な距離が研究の革新性にどう影響するかが研究されている。

分析の結果、遠隔メンバーで構成された研究グループは、そうでない研究グループと比べて、画期的な発見をする可能性が低いことが示された。

私たちが考えるべきなのは、対面とオンラインとどちらがいいかという二者択一ではなく、それぞれのメリットとデメリットをどう活かしていくかということだ。あいまいさに耐え、認知資源を使ってじっくりモードで考えるメリットをいろいろ説明してきたが、オンライン会議が普段より認知資源を消耗してしまう環境であることが分かったのなら、環境を改善することによって、限られた資源を重要な仕事に割り振ることができる。

創造性の必要な会議は対面で行うのもいいし、画面に目線を固定しなくていい工夫を行ったり、適宜休憩をはさんだりすることで、オンライン会議のデメリットを減らすこともできるだろう。

私のゼミに所属していた中村早希さん（帝塚山学院大学総合心理学部専任講師）は、卒業研究で菓子を食べながらだと話し合いはうまくいくのかどうかという研究を行った。その結果、話し合い中の飲食行動は、笑顔を増やし、集団の中であまり発言のできない人の発言を促進させ、話し合いのプロセスに対して肯定的な認知をもたらすことが示された。

口をもぐもぐさせながらオンライン会議に臨んだら不真面目なやつだと思われるかもしれないが、有意義な話し合いを行うために、各自が用意したお菓子を画面越しに一緒に食べながら進めてみるのもいいかもしれない。

第7章

偏見に気づき、抗える

ステレオタイプという戦略が敗れるとき

私の勤めている大学の病院に、母が入院していたことがある。私は毎日、顔を見せにいき、当然そのときは看護師さんとも挨拶を交わしてもいたが、あるとき母が看護師さんに、「ご子息はここの大学の教授なんですってね」と言われたそうだ。

「子息ではなく娘です」と返す母。

「えっ」と驚く看護師。

「えっ」と驚かれて驚く母。

私もその話を母から聞いて驚いた。日参していた私は「ご子息の嫁」認定だったのだろうか。

看護師さんはきっと、大学教授といえば男性であるという先入観に基づく思い込み、つまり「ステレオタイプ」をもっていたのだろうと思う。ステレオタイプは、私と母のよく似た顔よりも強烈に判断に影響するのかと感心した。

日本人は真面目だとか、女性は数字が苦手だとか、関西人はお笑い好きだとか、大阪府民は全員阪神タイガースファンだとか。数え上げるときりがないくらい、私たちが他人を見る目はステレオタイプにまみれている。

見ず知らずの他人のことを知るのは、時間がかかる。そのため、まず相手の特徴的な手掛かりに応じて型（＝ステレオタイプ）にあてはめて、この型の人はこんなふうに行動するだろうと当たりをつけたうえでコミュニケーションを始めれば、1からイメージを構築するよりも認知資源を節約できる。

ステレオタイプは、その人がよく触れるイメージによって作られている。

大学教授といえば男性を思い浮かべてしまうのは、男性の教授のほうが女性の教授より多いためだろう。世の中には、女性の大学教授を見たことがないという人もいるかもしれない。

大阪府民にも巨人ファンやカープファンはもちろんいるし、そもそも野球に興味がない人もいるが、関西以外の地域に比べると阪神ファンである確率は高いから、大阪人を捕まえて阪神ネタを振るとうまくいくことも多い。

ステレオタイプによるコミュニケーションの弊害

よって、ステレオタイプで相手のイメージに当たりをつけて、ある程度絞り込んでからコミュニケーションをとる戦略は、それほど悪いものではない。しかし、問題は、それが仮の当たりをつけるための戦略であることを忘れて、ステレオタイプと相手の本当の姿を混同してしまうことだ。

ステレオタイプにあてはまる人もいるが、あてはまらない人もたくさんいる。そのことをしっかりと自覚しておかないと、間違ったコミュニケーションが行われてしまう。また、そのステレオタイプがどのようにして形成されたのかにも思いを馳せる必要がある。ステレオタイプそのものが間違っていて、その属性の人にとって、不当で差別的なものであることが、よくあるからだ。

ステレオタイプにあてはめて人を判断してしまうのは、そのほうがあいまいではなくなるからだ。ひとりの人間には多様な要素がある。そのありのままを見るのではなく、単純なステレオタイプに押し込めてしまえば、物事は単純化する。複雑なことを考えなくて済んで、認知資源も節約できる。

しかし、それによって自分が知らない間に、偏見をもったり、誰かを不当な目に遭わせたりしているかもしれない。最近では「無意識の偏見（アンコンシャス・バイアス）」という言葉が流行っているように思えるけれど、無意識だろうが意識的だろうが、偏見を向けられた人にとっては知ったこっちゃない。無意識だということは免罪符にはならない。

差別や偏見に気づけないとどうなるか

某日、中日ドラゴンズ（当時）の選手でキューバ出身のマルティネス投手の通算100セーブ達成を祝うケーキにチョコで「亡命、ダメ、ゼッタイ」と書いてあったことが話題になった。悪い意味で。同じ年に、シーズン開幕前にドラゴンズとの契約を反故《ほご》にしてアメリカに亡命した同じキューバ出身の選手がいて、球団側としてはこれ以上戦力がダウンしたら困るという気持ちもあって、洒落《しゃれ》のつもりで書いたそうだ。さらに、そのケーキの写真を中日新聞が掲載して、案の定、炎上した。

問題点はいろいろあるが、ステレオタイプという観点から言うと、「キューバ出身＝亡命する」というステレオタイプをマルティネス投手にあてはめてしまっている。また、世界には亡命をしないと命の危険がある人もいるのに、冗談で茶化してよい話ではないだろう。選手たちや球団側がそういうことに想像力が及ばなかったのはまだ理解できても、報道のプロである新聞社までがそれに乗ってしまうようでは困る。

差別や偏見の問題は、倫理的な問題だけではなく、企業や公人としての信用問題にも関わってくる。どのような心理によって差別や偏見が生み出されるのかを知ることは、今のビジネスパーソンには必須の備えではないだろうか。

また、現在不当な扱いを受けている人は、差別や偏見が生み出される心理を知ることで、何か状況を改善できるヒントが見つかるかもしれない。

この章では、あいまいさに耐えられない人の心がどんな差別や偏見を引き起こしていくのかを見ていきながら、状況を変えていく方法を一緒に考えていきたいと思う。

偏見の根拠に誤用された心理学研究

2018年に順天堂大学が、医学部医学科の入試で女性に対して一律に不利になる扱いをしていたと発表した。合格者や補欠者を決める際の基準点を、女性と男性とで変えていて、女性は男性より0・5点高くするなど、女性が不利になっていた。

このように特定の属性に不利な扱いをしてきたことが発覚した事例はこの大学だけに限らないが、特に本書でこの件を取り上げたのは、この大学が心理学研究を根拠に、不当な扱いを正当化しようとしたからである。

この大学は「女性のほうが精神的な成熟が早く、相対的にコミュニケーション能力が男性より高い傾向がある」がゆえに、面接点数が高くなり、だから入試の得点で「調整」を行う必要があったと主張した。女性のほうがうんぬんの「医学的検証」を記載した資料として学術誌『Psychological Bulletin』の論文が問題を調査する第三者委員会に提出されたことも、同委員会の報告書に記されていた。

『Psychological Bulletin』は、世界で最も大きな心理学の学会であるアメリカ心理学会が発行する査読付き学術誌である。そこに掲載された論文自体は信頼できるものであったが、解釈がおかしかった。そんなことはどこにも書かれていないのである。論文の著者も朝日新聞の取材に応えて「私の研究内容との関連が分からない。『コミュニケーション』や言語能力の性差を調べたものではない」と説明している。

この件については、私が何人かの心理学者に呼びかけて、ニュースから数日後に心理学者有志による意見声明を公開した（https://osf.io/preprints/psyarxiv/xh7fr）。本当は学会から出すなど、いろいろな可能性を探っていたがかなわず、有志による声明文となった。

声明の内容は、根拠とする論文の引用がそもそも解釈を間違えていて不適切であることや、たとえ女性のほうが男性よりコミュニケーション能力が高い傾向があることを示した研究だったとしても、平均値に基づく比較で得られた差を、個別の人物評価に一律にあてはめるべきものではないことを伝えるもので、「性差のような群間差を根拠なく想定し、それにより生じた選抜の不公平を正当化するために、決してそれを主張しているわけではない心理学研究論文を『根拠』と主張する行為全般に、心理学者として強く抗議する」と文を締めくくったが、その抗議の内容がどれだけ伝わったのか、そもそも読んで理解してくれたのかは不明である。それでも、心理学者として声明せずにはいられなかった。

男女のステレオタイプが生まれた背景を考える

医師は生身の人を相手にする仕事なのだから、高いコミュ力がある人がうってつけという場面も多いはず。コミュ力で点数が高くなる面接試験を課しておいて、コミュ力が高い人の点数を引いて不利にするなんて、いったい何をしているのか。苦し紛れの言い訳に心理学研究を誤用されて、本当に迷惑である。

医学部の入試において女性の受験生を不利に扱っていた事案は、順天堂大学以外にも、東京医科大学など複数の大学で発覚した。ある種の女性差別であるが、差別をやめろと言うだけでは、問題の根本は解決しない。差別という言葉は、時には問題の本質を覆い隠してしまう。「差別を撤廃」して、入試の条件を同じにするだけでは、誰も幸せにはならないかもしれない。

たとえば、大学側が女性を多く合格させることを渋る背景として、結婚、出産、育児などのライフイベントでキャリアが中断し、医師を辞めてしまう女性が多いという事実がある。辞められると病院は困る。途中で辞める可能性が高い医師よりは、その可能性が低い医師のほうを多く採用したいだろう。

だから女性はダメだと考えてしまうのは、もちろん早計である。偏見やステレオタイプ以前の問題だ。男性だって結婚したり子どもを育てたりしているのに、なぜ女性ばかりが辞めるのか。看護師や大手企業の会社員は、女性であっても結婚して子どもを育てながら仕事を続けることができている場合も少なくないのに、なぜ医師だと続けにくいのかを考えるほうが建設的だ。

女性の医師は途中で辞めて人手不足になるから、男性の受験生を多く合格させようと考えるのではなく、女性の医師が途中で辞めなくても済むように環境を改善していくほうが、将来性がある。そうすれば男性も働きやすくなる。

子どもを産んでも仕事を続けたい女性もたくさんいるし、仕事を辞めて子育てに専念したい男性もいるだろう。男女のステレオタイプは長い歴史と慣習によって作られてきているから、逃れるのはなかなか困難だが、じっくりモードを働かせて違和感をしっかり突き詰めていくしかない。もしくは、社会心理学の研究によって可視化することも、偏見やステレオタイプから逃れるための有効な方法のひとつになる。

間違った出来事を関連づける「錯誤相関」

他にも、東京オリンピック・パラリンピック組織委員会の会長だった森喜朗氏が「女性がたくさん入っている理事会の会議は、時間がかかります」と発言して炎上したが、女性のほうが話す量が多いということを示した研究はほとんどない。逆に、男性のほうが発言量が多いという結果や、女性は他の人に話をさえぎられる割合が高いという研究結果はある。

それなのに、女性の話が長いと認識してしまうのは、少数派の女性が発言すると目立つので記憶に残りやすく、長いと感じてしまうからだろう。このような、実際には関連しない出来事の間に間違った関連性を見出す認知バイアスを「錯誤相関」という。

たとえば、実際には犯罪で検挙される少年は急減しているにもかかわらず、最近、若者の犯罪が増えていると思ってしまうのも錯誤相関だ。このような場合、若者の犯罪が急減している事実を示すデータを見れば、多くの人は自分の錯誤を正す。ただし、根強い偏見や思い込みがあると、データを見るだけでは考えを変えないかもしれない。

ところで、森氏は謝罪会見で、「女房にさんざん怒られた」とコメントしていた。あれは「自分はちゃんと女性を立てて叱られることもできる偏見のない男だ」アピールのつもりなのだろうけれど、家庭内で誰に怒られようが知ったこっちゃありませんよ……。

性格診断が生み出すもの

性格診断的なものとステレオタイプは仲がいい。特に血液型による性格診断のように、自分の努力では変えられない生まれつきの特徴をもって、A型は几帳面、B型はマイペース、O型はおおらかで、AB型は芸術肌などと人間を単純に分類してしまうことは、人をステレオタイプに押し込めることに他ならない。

血液型による性格診断はただの遊びだと割り切って付き合うのならいいが、未だに「あの人はB型だからマイペースだよね」というような話を耳にする。今はそれほど流行っていないようなので若い人にはピンとこないかもしれないが、血液型による性格診断はステレオタイプのひとつとして多くの人に刷り込まれている。血液型の性格診断なんて信じていないという人も、その存在はもちろん、もしかしたら各血液型の特徴も知っているかもしれない。よくぞここまで普及したものだと感心するが、4種類だけという単純さが人気の理由かもしれない。自分の診断だけでなく、他の人の診断結果も覚えやすい。血液型さえ聞き出せば、手っ取り早く人を類型化したいという欲求を満たすことができる。

血液型診断に限らず、人の性格をタイプ別に分けるような診断や占いは、定期的に流行する。生年月日から性格を診断して動物などのキャラクターにたとえる占いや、いくつもの質問に答えて、あなたは○○タイプですと診断するテストや、名前を記入して診断ボタンを押すだけで性格を診断する面白サイトなど、一度くらいはやってみたり、興味をもったりしたことがあるのではないだろうか。

最近では、16種類に性格を類型化する診断も流行している。16種類というと複雑そうだが、実は4カテゴリー×2分類×2型の組み合わせだ。その明快さが人気の秘密なのかもしれない。

性格診断が流行する理由

性格診断が多くの人を惹きつけるのは、性格というものがあいまいな概念だからだろう。自分や他人がどういう性格なのか分からない。だからこそ、診断してもらいたくなる。さらに、あいまいだからこそ、どんな結果が示されたとしても、当たっている気がする。確証バイアスが働き、当たっているところが強く印象に残り、そうでもないものは無視されるのである。

性格診断や占いの多くは学術的な実証研究に基づいて作られているわけではないが、もし、そのような性格診断があったとしても、他の社会心理学研究の結果と同様に、そこにはあいまいさが横たわっている。

ここまでの章でさまざまな社会心理学研究を紹介してきたが、その研究で明らかになった人の心の傾向は、特定の状況下における限定されたものだ。いついかなるときも誰にでもあてはまるわけじゃない。同様に、人の性格も、いついかなるときでも当てはまるわけではない。

性格とは状況で変わるあいまいなもの

「真面目」な性格があったとして、その人がいつでもどこでもどんな状況でも真面目で居続けることはないはずだ。きっと、興味がないことに取り組むときや、疲れきってしまったときや、納得していないことをするときには、不真面目になったりもするだろう。

また、「怒りっぽい」という性格の人がいたとして、それは状況のせいで怒りっぽくなっているだけという可能性も考えられる。忙しすぎたり、体調が悪かったり、何か守らなくてはならないものがあったりなどすれば、怒りっぽくもなるだろう。状況がその人を怒りっぽくさせているのなら、状況が変われば怒りっぽい性格ではなくなるかもしれない。

性格診断の結果をどんな状況でも当てはめようとすると、それがバイアスになり、正しく認知することができなくなる。他人の性格診断を信じて、それを常に適用しようとしてしまうと、偏見を生んだり差別を助長したりする可能性がある。

偏見や差別の弊害を被るのは他人だけではない。自分に対しても、性格診断結果を信じて、どんな状況でもあてはめようとすると同じことが起こる。いわば、自らをステレオタイプで見ている状態である。このことは、学術研究の成果として公開されている性格検査や尺度によって測定された結果だとしても同様である。

性格という概念は、状況によって変わり得るあいまいなものであるという考え方を受け入れてみると、ステレオタイプというバイアスが解除されるのではないだろうか。そうすれば、他人のことも自分のこともよく見えるようになり、これまで気づかなかった意外な面が見つかって、お得なこともあるかもしれない。

コロナ感染は自業自得と思いやすい日本人

コロナ禍の初期の頃に、感染者への差別や攻撃が起きていたのを覚えているだろうか。

感染者を出した施設にクレームの電話が殺到したり、感染者が多い東京からの訪問者や帰省者に激しいバッシングをしたり、感染者が現れた家を村八分のような状態にして引っ越しせざるを得ない状態まで追い詰めたり。さらに、人々の命を救う医療従事者やその家族まで差別を受けたり、社会のインフラを支える長距離ドライバーが「コロナを運ぶな」と罵声を浴びたりということも起きた。

このような現象が起きる原因のひとつとして、人の心に備わっている「行動免疫システム」の誤作動が考えられる。

行動免疫システムとは、病原体に接触して感染することを避けようとする心の仕組みのことだ。熱を出したり咳をしたりしている人を見たとき、病原体が排出されていそうだと予測し、その人に近付かなければ、感染症にかかる可能性は低くなる。その行動自体は合理的だが、問題は、感染が怖いという感情があるせいで、「病原体がいそうだ」という予測をせっかちモードが担当してしまうことだ。そのせいでさまざまな認知バイアスが生じてしまい、非合理的な判断や行動につながってしまう。

感染者が出た施設にクレームの電話をしたからといって、自分の感染リスクが減るわけではない。東京で感染者が多いのは確かだが、東京に住んでいるほうが感染確率が高いとは限らない。感染者は治療して回復すれば病原体を排出しなくなるので、近所から追い出す必要はない。医療従事者やドライバーは、家に引きこもっている人よりは感染のリスクが高いかもしれないが、彼らを差別することに合理性はない。人々の生活に不可欠な仕事をしている彼らが仕事を辞めてしまったら、治療できない人が溢れ、自分で買い物に出かけなくてはならなくなるだろう。彼らを攻撃することは、自分の感染リスクを高めることにつながり、合理的に考えると「損」である。

コロナ禍に関する国際的な意識調査

しかし、何度も言うように、非常事態というあいまいな状況で、不安や恐怖という感情に支配された私たちは、普段よりもさらに、合理的に考えることができなくなる。

2020年3〜4月に、平石界さん（慶應義塾大学文学部教授）ほか4人の研究者たちと、日本・アメリカ・イギリス・イタリア・中国の5カ国で一般市民を対象にコロナ禍に関する意識調査を行った。その中には、「新型コロナウイルスに感染した人がいたとしたら、それは本人のせいだと思う」「新型コロナウイルスに感染する人は、自業自得だと思う」という項目があった。特に後者に関しては、「4どちらかといえばそう思う」「5ややそう思う」「6非常にそう思う」と考える人たちの割合は、日本が他国より突出して高かった（図20）。

この結果は、日本社会において驚きと納得の両方をもって迎えられたようで、数多くのマスメディアからの取材を受けることになった。

とはいえ、図20のデータを見ると一目で分かるように、感染は自業自得と考える人

図20 コロナに関する国際的な意識調査

新型コロナウイルスに感染した人がいたとしたら、それは本人のせいだと思う （%）

	1	2	3	4	5	6	平均値
日本	24.5	37.0	23.3	11.0	3.3	1.0	**2.35**
アメリカ	54.8	30.8	9.8	3.8	0.5	0.5	**1.66**
イギリス	60.7	27.9	8.0	2.5	1.0	0.0	**1.55**
イタリア	44.7	29.7	13.4	9.4	1.3	1.7	**1.98**
中国	47.7	23.4	19.5	5.8	2.7	1.0	**1.95**

新型コロナウイルスに感染する人は、自業自得だと思う （%）

	1	2	3	4	5	6	平均値
日本	29.3	36.5	22.8	8.0	2.5	1.0	**2.21**
アメリカ	72.5	22.5	4.0	0.8	0.3	0.0	**1.34**
イギリス	78.6	17.7	2.2	1.0	0.3	0.3	**1.27**
イタリア	75.6	17.5	4.4	1.5	0.4	0.6	**1.35**
中国	61.2	23.8	10.2	4.3	0.6	0.0	**1.59**

※各表の質問に対しては、6段階（1 全くそう思わない〜6 非常にそう思う）で評価してもらった
出典：三浦（2021）に基づいて作成

は日本の中でもかなりの少数派だ。自粛警察や差別に関する報道が目立っていたせいで、日本人は感染者を責める人だらけ……というイメージをもってしまった人がいたら、第5章で紹介したエコーチェンバーが関係しているかもしれない。このように多くのサンプルを取って数値化すれば、人間の認知バイアスを通して見ていた世界とはまた異なる光景が見えてくる。

このデータを眺めて何に興味をもつかも人それぞれだろう。私は、他国で「自業自得」意識がきわめて低いことのほうが気になった。図20で「1全くそう思わない」を選んだ人の割合を比較すると、その差は明らかである。

このような差は文化が影響しているのだろうが（文化もまた「状況」である）、日本と他の国のどのような文化の違いが関わっているのか。いろいろ思いつきはするが実証はできていない。いつか機会があったら調べてみたいと思っている。

もし、感染は自業自得だと今も考えている人がいたとしたら、そうではない考え方をする人が多く存在することを知ることで、違う見方も生まれるかもしれない。平時にさまざまな見方ができていれば、非常時において、感情に任せた非合理的な判断に走ることを抑制する助けになるのではないかと思う。

ちなみに、私も仏教者の方から教えていただくまで知らなかったのだが、「自業自得」を「他人が経験した嫌な出来事をその人の過去の行いが悪いせいにする」という意味で使うこと自体、誤用だそうだ。

世界は公正であってほしいという願いが差別を生む

自分が感染するのが怖いという動機で、感染者や感染する可能性のある人を、実際には感染予防効果がない方法で過剰に排除しようとする。このような行為は、行動免疫システムのエラー（せっかちモードのやらかし）によって一部は説明できる。だが、それだけなら、「自業自得」だと考える必要はないだろう。感染者はウイルスを誰かからうつされた被害者なのに、なぜ、排除されたり、攻撃されたり、自業自得だと思われなければならないのだろうか。

犯罪が生じたときに、被害者に何か落ち度があったのではないかという、被害者叩きが起こることがある。ネットニュースのコメント欄には、被害者を叩く匿名のコメントがうようよと湧いて出てくるが、日常生活レベルでも、ニュースを見ながら、犯罪に遭った人に対して「そんな派手な服装をしているから」「夜にひとりで歩いているから」「日頃の行いが悪いから」など、被害者の落ち度を探すようなことを心の中で考えてしまったことはないだろうか。

感染症の場合なら、被害者を非難することは方法として間違ってはいるけれども、病原体を遠ざけようとしている心理だと解釈できる。しかし、犯罪の場合は、被害者が誰かに被害をうつすわけではない。むしろ、被害者ができるだけ早く安心できるようなシステムを整えたほうが、自分が被害に遭ったときのリスクを減らすことができる。被害に遭ったうえに、責められるのなら、犯罪の被害者になるかもしれない恐怖は増すばかりだ。

だが、恐怖や不安といった感情が喚起された状態では、このような長期的な利益は考えづらくなる。自分にもし起きてしまったら……と考えて対策を練るよりも、自分には起きないと考えたほうが手っ取り早い。

被害者を責めてしまう心理

しかし、状況がそれを許さない場合はどうなるだろうか。たとえば被害者が自分と同じような会社員であって、自分がよく行くような場所で、自分もよくするような行為中に犯罪に遭ったのだとしたら、自分にも同じことが起こる可能性は高いように思えてくる。だけど、自分には起こらないという理由を探したい。そこで登場するのが、その人の内面に原因があると考える「基本的な帰属の錯誤」である。

その人は落ち度があるから被害に遭った。落ち度のない自分は被害には遭わない。そう考えることで、自分も犯罪に遭うかもしれないあいまいで不安な世界から、自分には落ち度がないから犯罪に遭わないと信じる世界に移行できる。安心できる。それが偽物の安心であったとしても、せっかちモード中のあなたは気にしない。

このような心の働きの土台には、世界は公正であり、良いことをした人には良いことが起こり、悪いことをした人には悪いことが起こるという信念が横たわっている。一般的に信念というと、誰が何と言っても考えを変えないぞというような頑固な思いといったイメージがあるが、心理学で言う信念には、もっと無意識的に抱いている「当たり前の感覚」も含まれる。

悪いことをしたら逮捕されて報いを受けるが、被害を受けた人は悪いことをしたから被害を受けたわけではない。この世界は公正であろうとはしているけれど、実際には公正ではない。

しかし、世界は公正ではないという現実に向き合うと、悪いことをしていない自分も犯罪の被害者になる可能性が出てくる。それは困る。被害者に落ち度があったと考えれば、その人の中でこの世界は公正であるという仮説は保たれる。安心する。

もし、今後、悲惨なニュースを見たときや身近で不幸に見舞われた人がいたときに、被害者の落ち度を探したくなったら、自分の中に恐怖や不安の感情が湧いていないか、点検してみてほしい。そのうえで、この世界は本当に公正なのか、公正であると信じることで自分にどんなメリットとデメリットがあるのか、この節の話を思い出しながら考えてみてほしい。

偏見・差別は「ダメ、ゼッタイ」だけでは消えない

ここまでで紹介したように、私たちは、特定の集団や属性に所属する人をステレオタイプにあてはめたり、認知バイアスで歪められたイメージで捉えてしまったり、感情の影響で間違ったイメージを帰属させてしまったりする心理傾向を持っている。差別が悪いことだと考え、偏見を抱かないように気をつけていても、心をコントロールすることは難しい。人間という生き物はそんなに理性的ではないのである。

たとえば、コロナ感染者を責める人に、道徳的な観点から「そういう考えは間違っている」と指摘しても、あまり意味はない。隣の人が感染したら嫌な気分にはなるし、それを何かのせいにしたくなるのは、人として自然な反応である。しかし、心に湧き上がる反応はコントロールできなくても、その嫌悪感を表に出し、興奮に駆られた行動をすることを、ぐっと抑えることはできるのではないだろうか。

差別という言葉をもう少し丁寧に見ていくと、「特定の集団に所属する、または特定の属性を有する個人や集団に対して、その所属や属性を理由に不利益な取り扱いをする行為」だと言うことができる。

振る舞いから変えていく

常に清廉潔白でいることはできないかもしれないが、誰に対しても不利益な取り扱いをしないという「マナー」を身につけることはできる。そんな振る舞いを誰もが身につけて実行していれば、不利益な取り扱いをされてつらい思いをする人は確実に減る。

心の中では偏見を抱いてしまってもいいから表には出すなというのは、ある意味極論で、不快に思う人もいるかもしれない。だが、私たちは普段のコミュニケーションでも普通にそれをやっている。ちょっと性格が合わなくて嫌だと思っても、仕事相手を無視したり、あなたのことが嫌いなんだといった露骨な態度をとったりはしないだろう。

誰に対しても不利益な取り扱いをしないという当たり前でシンプルな振る舞いをあなたがすれば、周りの人も変わってくる。そんなふうに状況が変わってくると、心の状態も変わってくる。最初は振る舞いだけだったとしても、それによって偏見も薄まっていくだろう。

『にんげんだもの』という詩集があるけれど、人間はそうそう理性で行動をコントロールできるわけではない、そんな大した存在ではないと自覚する。それが、誰もが生きやすい社会を作るための第一歩なのではないかと、私は思う。

第8章

あいまいさを科学の組上に載せる

社会心理学者はあの手この手で研究する①
ポケストップを利用する

ここまで、あいまいさに耐えるといいことがあるよ、という話をしてきたが、第8章では、あいまいな心というものをどうやって調べていくのか、心理学者の活動の一端を紹介したい。

社会心理学の「ネタ」は日常のあちこちに転がっている。人間が絡む行為すべてが、社会心理学の研究対象になり得るのだから、ネタだらけなのは当然だ。しかし、研究してみたいことが山ほどあっても、どうやったら研究できるかを考えるのは簡単ではない。

まず、研究対象を定義する必要がある。心理学の研究対象になるのは、人の心の働きという概念だからだ。

人の行動のメカニズムを説明するために、研究者によって人為的に構成された概念のことを、心理学の用語で「構成概念」という。

心も構成概念だし、幸福や性格やあいまいさ耐性や知能や、第6章に出てきた創造性も構成概念だ。心理学ではこのような構成概念が研究テーマになることが多いが、構成概念を研究するためには、まず、それが何かを定義する必要がある。そして、それを測定しようと思うなら、どんな項目を質問すればその構成概念を測れるかも考えなくてはならない。

たとえば、幸福はどういうもので（定義）、何を聞けば測定できるのか（尺度）を考え、本当にそれで測れるかどうかを調査してみて、うまくいっていなければ定義や尺度を修正し、再び調査をやり直すといった試行錯誤が必要になる。

次に、データを集める必要がある。データを集める方法は調査や実験だけではない。時には、使えるものは何でも使えの精神で（もちろん合法的に、誰にも迷惑をかけない範囲で）、ちょっとアクロバティックな方法も使ったりする。

たとえば、位置情報ゲーム「ポケモンGO」の「ポケストップ」を利用したことがある。これは、心理学をバックグラウンドに情報工学の仕事もしている小森政嗣さん（大阪電気通信大学情報通信工学部教授）のアイディアが発端となってSNS上のやりとりで一緒にやることになった研究だ（ちなみに、小森さんは学部時代からの後輩です）。研究の発端となったのは、小森さんが参画していた「地域の幸福と文化プロジェクト」で、どうすれば地域ごとの社会資本や文化資本を測定できるのかという議論が行われたことだ。

地域の幸福感とポケストップの密度の関係

社会資本というのは、生活の基盤となる公共の建物や施設のことだ。そして文化資本は学問や芸術など、公共かどうかによらず、人々の文化的な営みに貢献する場所や施設のことだ。

自治体が公開しているデータを使えばある程度情報を入手できるが、公共性の高い施設に限定されている。Googleストリートビューの画像解析から地域の環境を推定する方法もあるが、もう少し、住民の生活を反映した人間味のあるデータはないかと考えていたところ、「ポケストップの数を数えたらええんちゃう？」となったそうだ。

ポケストップが何か分からない人のために、少し説明したい（論文でも結構な字数を割いて説明した)。ポケモンGOはスマートフォンなどのGPS機能を利用したゲームで、プレーヤーはゲームアプリをインストールした携帯端末を手に町中を移動しながら「ポケモン」を捕まえる。ポケモンを捕まえるためには「モンスターボール」が必要で、それを入手できるのが「ポケストップ」である。ポケストップは、企業や自治体などとのスポンサー契約によって設置されたものもある(設置されるとプレーヤーが集まってくるのでメリットがある)が、多くはプレーヤー個人からの申請によって設置されている。設置申請には条件があって、①探索に最適な場所、②エクササイズに最適な場所、③交流できる場所のいずれかの基準を満たすことが求められている。①はユニークなアートや建造物、動物園、美術館など。②は公園やハイキングコースなど。③は広場、噴水、人気のレストランなどといった例が運営会社によって挙げられている。

前置きが長くなったが、このようにして設置されたポケストップの量や密度は、その地域の人々の活動の活発さや社会資本・文化資本の豊かさを反映していると仮定して、その地域の人の生活環境満足度や幸福感など複数の社会心理指標との関連性を調べた。ポケストップのデータは、ポケモンGOの運営会社に提供してもらった。

その結果、大阪府を対象とした分析では、ポケストップの密度が高いほど生活環境満足度や幸福感が高いという正の相関をもつことが示された。しかし、もっと細かく回答者の住所を分析した兵庫県赤穂市の結果では、ポケストップと他の社会心理指標との関連は見出せなかった（ただし、2つの研究は居住地情報に加え、調査項目も異なっているため、単純に比較して結論を出すことは難しい）。

さらなる工夫と検証は必要だが、ポケストップが研究に使える可能性は示せたと思う。

社会心理学者はあの手この手で研究する②
惚れた弱みを利用する

選挙のシーズンになると、お決まりの取材依頼がやってくる。そして、ただでさえ高い私の血圧がますます上がる。取材が来るのは、何年も前に、選挙カーの活動が投票行動にどう影響するのかという研究をしたからである。

あるときは、「先生の研究結果から衆議院選の選挙カーによる運動には一定の有効性があると言えますか?」という質問に、「言えません」と返信したらすぐに電話があって、「ええっと、もう取材はいいです」という話になった。

次の年は、「なぜ、選挙カーの名前連呼は好感度につながらないのに、投票には向かわせたのでしょう」と聞かれた。あれこれ検討したけど分からないと論文に書いたでしょうに、分かったら書いとるわ!(血圧が……)。

「大事なことはですね、あれは『選挙カー研究』ではないということなのです! だから論文読め言うてんねんで！」と、やんわり力説するのだが、やっぱり選挙が始まるとまた別のメディアから取材依頼が来る。きりがない。

5年くらい経って、ようやく取材を断るいい方法を思いついた。

「あの研究はデータ収集方法とその組み合わせに妙味があるので、結果にはあまり関心がありません」

というわけで、これから紹介するのは、データの収集方法についてである。

市長選の選挙カーに密着した研究

事の発端は、数十年間交流がなかった小学校の同級生とSNSでつながって再会したことだ。そうしたら地元の市長選に立候補するというので、お願いして研究のために選挙活動に密着させてもらうことになった。

なかなかこんなお願いを聞いてくれる候補者はいないと思うが、何といっても、彼は小学生のときに私のことを好きだったので、数十年前の惚れた弱みを盾に承諾してもらったのである。使えるものは、ポケストップでも昔の恋でも、何でも使う。まあ、惚れた弱みと思っているのは私だけで、実際のところはそんなものに関係なく、引き受けてくれたのかもしれないが。

選挙運動に一番密着できるのは選挙カーだろうということで、選挙カーに密着した。当時大学院生だった前出の中村早希さんが選挙カーに一緒に乗り込み、私はその後ろを軽自動車で追跡した。ＧＰＳで位置情報を確認し、どこでどういう演説をして、誰にどんな声をかけたかなど、いろいろなことを記録した。私はずっと密着することはできなかったが、中村さんが1週間、頑張ってくれた。中村さんは運動員として候補者の陣営を手伝いながら記録を取り続けた。選挙運動はかなりのハードワークだったそうだ。

この研究から見えてきたことは、大きくまとめると次の2点である。

①街頭演説や練り歩きなどで有権者と近いところで接触していれば、候補者の好感度が増し、候補者への投票につながる。

②選挙カーによる候補者名の連呼は、候補者への好感度の向上にはつながらないものの、候補者への投票にはつながる。

選挙カーが名前を連呼して街を走るのは、何度も接触している人を好きになりやすいという「単純接触効果」を期待しているはずだが、どうやらこの方法ではその効果は起きないようだ。集中したいときに選挙カーが大音量で名前を連呼しながらやって来たらイラッとする人は多いだろうが、その感覚と、名前の連呼は好感度を向上させないというデータは、一致することになる。しかし、投票にはつながるという結果も出た。なぜこうなるのか。さまざまな変数を分析してみたが、分からなかった。

このような空間位置情報を用いて、選挙運動における対人コミュニケーションの意味を示した研究は、おそらく日本で初だったわけで、私たちとしてはそこを見てほしいのだが、「選挙カーはうるさいけれどなくせない」という主張の論拠のために駆り出されることになってしまい、選挙カーがうるさいと思っている人たちから文句を言われるはめになったのである。

ちなみに、私の同級生は落選してしまった。そして、「何でこんなに街のことを考えて立候補した人が負けてしまうんだ?」とショックを受けた中村さんは、今度は人を説得するにはどうすればいいのかという研究テーマに取り組み、その研究で博士の学位を取得した。1週間の現場密着は、彼女に大きな影響を与えたようである。

あいまいさを晴らすために
あいまいさに耐える

日常生活のあちこちに、あいまいさに耐えたほうがいい場面は潜んでいるが、研究ではさらに、あいまいさに耐えることだらけである。

あいまいさを少しでも減らすために研究をする。だが、答えは簡単には見つからない。さっさと白黒はっきりつけたいという気持ちで研究をしてしまうと、その気持ちがバイアスとなって現象を正しく分析することができなくなる。情報収集のプロセスでも視野が狭くなるし、確証バイアスに侵された情報しか集められず、確からしさから遠ざかってしまう。

あいまいさに耐えて研究の結果にたどりつけたとしても、その結果もまた、あいまいさを含んでいる。社会心理学の研究は、あくまで確率論に基づく推測をしているものなので、人の心の働きの傾向を知る手掛かりにはできても、白か黒かで結論づけられるようなものではない。常にそうなるという絶対的な法則でもない。

あいまいさを少しでも晴らすという目的を達成するためには、とことんあいまいさと向き合わなくてはならない。このジレンマを、推しのダンスに憧れて自分も「格好よく踊れるようになりたい」と思い立ったという例でたとえてみようと思う。格好よく踊れるようになるためには、うまく体が動かない格好悪い自分に耐えて練習し続けなくてはならない。「格好悪いから嫌だ！」と思って途中でやめてしまったり、動画の加工で実際には踊れないのに格好よく見えるようごまかしてしまったりすると、格好よく踊るという目標には、いつまで経っても近づくことはできない。

でも、コツコツ練習をしていれば、完璧には程遠くても、少しずつ格好よく踊れるようになっていく。前よりも踊れるようになったら、きっと楽しいと感じるだろう（ただし、それを推しに伝えるのは難しいけれど……）。

研究はあいまいさに耐え続けるプロセスだ……なんて言うと、ずいぶん苦しそうだけれど、あいまいさが少しでも晴れると楽しいし、晴らそうとするプロセスの中にも楽しさはある（プロセスは大変だけれど楽しいから続けているといったことは、研究に限らず他の仕事や趣味の世界でもありますよね）。

あいまいさに耐えられないことのメリットもある

ところで、日々、あいまいさに耐えて研究をしている研究者は、プライベートでもあいまいさ耐性が高いかといえば、それはまた別の話である。私の場合、あいまいさに耐えるための認知資源はすべて研究のほうに回したいので、プライベートではなるべくあいまいさに耐えたくない。

大抵のことは、5秒も考えずにほぼ瞬時に決断する。5分も考えるのは相当迷っている場合に限る。だからといって、間違った答えでもいいから、白黒はっきりつけたいと思っているわけではない。日頃からさまざまな判断に必要な情報収集をしているつもりなので、それらの情報で判断できる場合は5秒以内に意思決定ができる。判断できないときは情報が足りないときなので、その場では決断しない。考えるのをやめる。そして、決断の材料となる情報を集めてから、改めて考えることにする。

プライベートではあいまいさ耐性が低い研究者は結構いる。本書でも何度か登場した村山綾さんは、典型的な「あいまいさに耐えられない」タイプで（自分でもそう言っている）、ＰＴＡ役員がなかなか決まらないといった状況に耐えられず、そのあいまいな状況を解消するために自分が立候補してしまうらしい。認知バイアスで自分をごまかすのではなく、誰もやりたがらない役員になるということで、あいまいな状況を解消するわけだ。なんて、いい人だ。そして立派に役員を勤め上げた今、ＰＴＡ活動を社会的ジレンマ状況（個人が自分にとって都合の良い行動をすると、結果的に周囲の人々や社会全体に悪い影響を与えてしまうような状況）に見立てて新しい研究を始めようとしている。なんて素晴らしい社会心理学者か。

ここまでの章で、あいまいさに耐えられないとどんな困ったことが起こるかを、あの手この手で紹介してきたので、あいまいさ耐性が低い人に肩身の狭い思いをさせてしまったかもしれない。でも、あいまいさに耐えられなくても、せっかちモードに流されてお手軽な答えに飛びつかなければ、本書で紹介したような困ったことは起こりにくいということは、ここで改めて強調しておきたい（自分の弁護のためにも）。

「ある」ことにすると便利な「心」という概念

心理学は定義がよく分からない学問だと言われることが、ときどきある。心理学という言葉は、学問の世界だけでなく日常生活の中でもよく使われているから、共通点を見出そうとするとややこしくなるのかもしれない。

以前、書店で、「心理学を理解して仕事に役立てよう」という趣旨のビジネス書の帯に「心理学ってうさんくさいと思っている人へ」と書かれているのを見て、「だだだだ、誰がそうさせてると思ってんねんな！」と突っ込んでしまった。何でもかんでも心理学と言っちゃうから、うさんくさいって思われてしまうんじゃないか……。

そもそも心に対して抱いているイメージも人それぞれだ。気持ちや感情を表したり、思考や意思のような自覚的な精神活動を表したり、「真心」のように思いやりや情けを表したりもする。イメージしづらい。

しかも、心は心臓や脳のように物体として存在しているわけではない。ひとつの概念である。そもそも心が存在するかどうかは厳密には証明できない。

イメージもバラバラで、あるかないか分からないものを研究するのが心理学なので、まあ、うさんくさいと思われても仕方がない……のかな。

心という仮説のもとで研究する

心は自分の中にあるような気がする。状況によって、心臓がドキドキしたり、涙が出たりといった反応が湧き起こるのだから、何かが存在していると思える。

だが、いくら自分の中で主観的に心の存在を感じていても、客観的に証明することは難しい。客観的に証明できないと実証科学とは言えないのではないか。

じゃあ、心理学ではどうやって心を研究しているのかというと、「心というものがある」ということにして、研究をしているのである。

大学で心理学の授業をするときは、最初に「心って仮説だからね」という話をする。ものすごく乱暴に言ってしまえば、心は人間がでっちあげた概念だ。人には心というものがあって、人はその心に影響されて行動していると仮定すると、いろいろなことがうまく説明できるから、心というものがあることにしてその働きを調べる。それが心理学である。

あるということにした心をどのように調べるのかによって、心理学の分野が分かれていく。ひとりの人にじっくり話を聞いて掘り下げていったり、脳波や心拍数や発汗のような生理的データを計測したり、第1章で紹介したミルグラムの研究のように実験的に用意した状況で行動してもらったり、実際にはその状況にはないけれど、もし自分がそうなったらどうするだろうと想像してもらってアンケートに答えてもらったり、いろいろな方法がある。

調査には技術がいらないという誤解

最後に紹介した方法はここまでも何度か登場した、調査法という、社会心理学でよく使われる手法だ。

余談だが、10年以上前に、ある高名な生理心理学者に「調査でデータを取るような心理学者は信用できへん」と面と向かって言われたことがある。おそらく、脳波測定や動物実験のような生理心理学の手法に比べて、アンケートで聞くだけなら誰でもできるじゃないか、そんなものは研究とは言えないとおっしゃりたかったのだろう。調査研究だというだけで相手にしてくれない同業者もいるんだ、と知った瞬間だった。

心理学の調査は、誰でもできるという誤解を受けやすいが、とんでもない。適切なデータを取るためには、適切な手法を身につけ、それに習熟しなくてはならない。具体的に言えば、何をどのように聞くか（誰もが平易に同じ理解ができるような質問項目の作り方やどのような順番で聞くかなど）に習熟しないといけないわけで、思いつきを文章にして協力者にぶつけるだけでは研究にはならない。意味のあるデータを取れるようになるためには、実験と同じく訓練を受け、技法を身につける必要がある。

調査には調査の難しさがあるので、その辺のアンケート調査と一緒にされて誰でもできると思われたら非常に迷惑です……と言い返せばよかったが、生理心理学者が「だが、あなたは実験もしているので、そういった連中とは違うな（意訳）」と続けたので、反論をし損ねた。結果、私は調査だけをやっているわけではない人間として、調査をあなどる側に迎合したことになった。とても後悔している。

よくテレビなどでも、街頭の人たちに聞いてみましたと称してアンケート結果を円グラフで示したりするし、企業も「〇人の人が効果を実感しました」などとアンケート調査を「データ」として宣伝したりするが、科学的と言える方法のものがどれだけあるだろうか。ちなみに、私のパソコンには「統計ダメグラフ」というフォルダがあって、この手の「データ」のうち、見るに見かねるものたちを集めている。なかなかの量のコレクションが揃ってきている。

このコレクションが役に立つのが心理統計法の講義である。「データで実証することは大事だし、データを視覚化して呈示すると人は納得しやすいけれど、それを悪用してこんなグラフで騙そうとするのはダメ」と話すためにちょうどいい実例となる。ただ、学生が私の話をちゃんと聞いていない場合、グラフだけ見て易々と騙されてしまう可能性もあるが……。

ともあれ、生兵法は大怪我のもと。調査をやってみたい人は、これもまた、訓練が必要な研究方法のひとつであると自覚したうえで取り組むことをお勧めしたい。

実証科学としての心理学

私が取り組んでいる社会心理学は、心の働きや行動を研究対象とする「実証科学」である。実証というのは、事実（データや実際の現象など）に基づいて検証していくことだ。

実証されていないものは科学ではないとか心理学ではないとか、そんなふうに主張する気はまったくないが、世の中に出回っている心理学研究の成果と呼ばれているものの中に、実証に基づいたものとそうでないものがあることは、知っておくと何かの役に立つかもしれない。

たとえば有名な「マズローの欲求段階説」は、心理学者のアブラハム・マズローが提唱した説ではあるが、実証はされていない。いくつもの研究が実証しようと試みたが、うまくいかなかった。だからこの説は間違っていると決めつけたいわけではなくて、人間の欲求という壮大なテーマを実証しようとすること自体が難しいのだろうと思う。

自己実現などの高次な欲求は、食事や睡眠といった生理的欲求などの低次の欲求が満たされて初めて出てくる、と一般的に解釈されているこの説は、何だかありそうな話だし、直感的にも理にかなっているような気がする。

実証された現象かそうでないのかを区別する

たとえば、ある特定の状況（複数の集団が協力して新しい組織を作ろうとする場面）で、特定の特徴（年代や嗜好など）をもつ集団が、特定の課題（運営のルールの策定など）をするならば、という具合に条件を絞れば、何かしらの欲求の傾向のようなものが見えてくるかもしれないが、そうだとしても、マズローの唱えたような「人間は自己実現に向かって絶えず成長する」といった傾向はなかなか見出せないだろう。話が大きすぎて到底状況が限定できないし、状況を限定すると、この説の良さも失われてしまうのだから、実証への道のりは険しい。

このような説を、実証されていないことを承知のうえで考え方のひとつとして活用するのならいいが、「人間の欲求は5段階のピラミッドになっていると心理学で実証されたんだ」と考えてしまうと間違いになる。それこそ、そんなことを言っていると、「うさんくさい心理学」などと疑いの目を向けられるわけである。

ある現象を説明したと主張する理論が実証されていないからといって、それらがすべて間違いだというわけではない。理論が先にあって、後から実証されることもある。アインシュタインの相対性理論などは、その例のひとつだ。だから、人の心にまつわるさまざまな現象に関する理論も、現時点で実証されていないからといって、未来永劫そうだとは限らない。

ただ、実証された現象とそうでない現象を区別して、ちょっと異なる扱いをしていただけると、毎日せっせと研究している身として少しは報われる気持ちになる。心理学であれ何であれ、何かを実証するのは本当に大変な仕事なのです。

人間には予知能力がある？心理学実験の再現性問題

世の中には実証されていない仮説が「心理学研究の成果」としてまことしやかに出回っていて、そのおかげで心理学は怪しい学問なのではという疑いの目が向けられている状況については、先述した。

かといって、一度でも実証されたらそれでいいというわけではないし、「実証された」と強く主張する研究こそ慎重な検討の目を向ける必要がある。私たち研究者ができることと言えば、心理学が怪しくてうさんくさいものだと言われないように、払える限りの注意を払いまくって研究することだ。そして、もし自分たちの研究分野の中に怪しい研究が紛れていたら、それをきちんと見つけ出し、このようなことが起こらないように対処していくことも必要だと考えている。そんなわけで、10年くらい前から、私は何人かの研究者と一緒に、心理学研究の再現性問題に取り組んでいる。

きっかけになったのは、社会心理学の権威ある学術誌『Journal of Personality and Social Psychology（以下、JPSP）』に、これまた権威ある社会心理学者ダリル・ベムが著した「人間には予知能力がある」という論文が掲載されたことだ。

これがただの妄想なら、いくら大御所の研究者だろうと、JPSPが掲載したりはしない。ベムは、1000人以上の実験参加者を使って9つの実験を行っていて、科学的な手続きを踏んでデータを集めており、その結果を解析して、統計的に意味のある差が出たことを根拠に「予知能力がある」ことを主張した。その手続きに問題がない以上、査読者も掲載可と判断するしかなかったのだろう。

科学的に実証しているのだから公開し、後は読者の検証に委ねるというのなら、それはそれであいまいさに耐える態度だと評価できるかもしれない。しかし、JPSPはその後、同じ実験を行って結果が再現できるかどうか研究した論文を、「追試は掲載しない」という理由で門前払いしたので、研究者の間で大騒ぎになった（ちなみに、追試というのは研究結果の再現性を同じ実験をして確かめることだ。試験の結果が悪かった学生の再テストと同じ呼び名だが、別に研究の出来が悪いから追加で実験を行うという意味ではない）。

なぜ追試は学術誌に掲載されにくいのか

門前払いされた論文は、ベムの結果を否定するものだった。ＪＰＳＰはそこまでして予知能力を否定されたくなかった……というわけではなく、研究業界特有の事情がある。

これは心理学の分野に限らないと思うが、学術研究というのは何かしらの新しい成果があって初めて評価される傾向が非常に強い。これまで誰も解明していなかったことや分かっていなかったことを明らかにした研究が評価され、学術誌に掲載される。

本気で追試をしようとすれば、元の研究とできるだけ同じ方法で実験や調査をするほうがいい。そうすると、その研究のオリジナリティはなくなる。新しい発見という要素はなく、論文は採択されにくい。

このことは、追試を行うモチベーションを削いでいる。研究者は業績を出し続けなければならないというプレッシャーにさらされているのに、大変なお金と労力をかけて実施した追試が論文として掲載されず業績にならなければ、研究者としてのキャリアが危うくなる。

追試を行って検討することは、学問としてとても意義があることなのに、誰もやりたくないし、やろうと思っても予算や諸事情の関係で難しい。

必要なのに動けないこの状態は、みんなで住んでいる心理学研究というマンションの土台や基礎や素材にひびが入っているようなものだ。無視し続けていたら、自分が築いた研究が土台もろとも崩れ去る未来が訪れるかもしれない大問題だ。だが、管理会社は存在しない。住民たちが自腹でどうにかするしかない。

「ほんまかいな追試」と「ほんまやんな追試」

人間に予知能力があるという研究は、「いや、それはないだろうよ?」と思わず疑って、追試をしなければと思わせられてしまうが（ちなみにその追試論文は、誰でも無料で読めるオープンアクセスの学術誌に掲載された。その後、ＪＰＳＰにも別の研究者らによる追試論文が掲載された。どちらもベムの得た結果を再現しない内容だった）、「確かにそれはあり得る」ので、ぜひともその結果を確かめたいという動機で追試が行われることもある。つまり追試は、思わず疑ってする「ほんまかいな追試」と、ぜひともその結果を確かめたい「ほんまやんな追試」とに分類できる（どう違うのか、関西弁のニュアンスが分からない方もいらっしゃるでしょうが、ご勘弁ください）。

ほんまやんな追試の結果、ほんまではないという結果が示されて、再現性に疑問符がついた著名な研究もいくつもある。

たとえば、目の前のマシュマロを15分食べずに我慢したら、もうひとつあげると約束して子どもの自制心をテストする「マシュマロ・テスト」を行った研究グループは、さまざまな実験の結果、子どもの自制心が強いほどその後は社会的に成功しやすくなると結論付けた。しかし、その後の追試ではこの結果は再現されなかった。

再現できなかった研究の多くは、元の研究に不正があったわけではない。実験条件に偏りがあったり、単なる関連（相関）を因果とみなしてしまったり（たとえば「エアコンが売れるとかき氷も売れるので、エアコンを売るためにかき氷をどんどん売ろう」というのは、本当の原因は「猛暑」なのに原因の帰属を間違えている）、その他、真面目に研究していても避けられない原因も含まれている。だからこそ、追試が行われることは重要だ。

中には、追試で再現できないという報告が相次いだ後に、論文著者が実験データを捏造していたことが発覚した研究もある。日本でも一般向けの翻訳書が多く出ている著名な社会心理学者ダン・アリエリーの研究グループの論文も、次々と捏造疑惑が発覚した。本人は不正を認めていないが、論文は取り下げられるという事態にまで発展した。

再現できない研究とどう向き合うか

こんなふうに再現できない研究があることを知って、「だから心理学はダメだ」と思うか、「だから心理学についてもう一度よく考えよう」と思うか。これもまた、あいまいさに耐える力の話である（ちなみに研究不正の問題は心理学だけに限らないので、心理学の部分を他の学問に置き換えても同じことが言えるだろう）。

追試で再現されなかったからといって元の研究がただちに間違いであると結論付けられるわけではない。

もし、何かの研究について再現できなかったと聞いて大きな衝撃を受けてしまったとしたら、それはその研究を実際以上に信じすぎていたことになるかもしれない。実験で得られたエビデンスは絶対不変のものではない。推測であり、変化もあり得る。常にアップデートされ続けることが必要だ。

人の心という不確定要素の多いものが、社会というさらに不確定要素の多い状況の中で、どう振る舞うか。そこに何らかの法則性を見出そうとするなら、あいまいさに耐えながら一歩一歩、歩を進めていくしかない。

社会心理学の研究がビジネス論や子育て論の根拠として引用されたりすることもあるが、その中には再現されなかった研究や、今では否定されている研究も結構含まれている。引用するということは、社会心理学に何らかの関心を持ってくれているのだろう。それならば、ぜひ、「今はこの研究はどう議論されているのか」というように、もう一歩踏み込んで興味を持ってもらえると、ありがたいなと思う。

そうしないと、エビデンスとしての信頼性が失われたのにエビデンスとして言及され続けるエビデンスゾンビが、どんどん増殖してしまう。もちろん本書で紹介している研究が示しているエビデンスもゾンビ化する可能性がある。そうなったときには、研究者としてそのことをちゃんと発信するつもりだ。そのタイミングで、新たな本を書く人がいたら、ぜひ最新情報をチェックしてゾンビにとどめを刺してほしい。

ゾンビだらけの世界は嫌じゃないですか？　ゾンビになったエビデンスには、安らかな死を。

終章

あいまいさとうまく付き合う方法

状況の力を適切に見積もる難しさ

2023年3月から、新型コロナ対策としてのマスク着用は、個人の判断に任されるようになった。また、同年5月にはコロナの感染症法上の位置付けが5類に引き下げられ、政府による半ば強制的な要請ではなく、各自が自分自身の判断に従って行動するという対応になった。

コロナ禍には控えられていた飲み会やイベントや対面会議は、コロナ前ほど頻繁ではないにしろ、特に誰から咎められることなく行われている。コロナ禍にはつけていないと白い目で見られていたマスクも、今や何も言われなくなった。

かといって、つける人がいなくなったわけでもない。つけている人もいるし、つけていない人もいる。もはや、他人がつけているのか、つけていないのかも、誰も気にしていないかもしれない。つけたい人はつけるし、つけたくない人はつけない。マスク派の人もノーマスク派の人も、自分と違う派閥の人を攻撃したりはしない。
政府のマスク着用の推奨が解除されたにもかかわらず、つけ続ける人がいるという
ことは、もともと政府の命令だからつけていたというわけではないのかもしれない。
マスクをつけるかつけないか、その行動に何が影響しているのだろうか。
私たち（私と村山綾さんと北村英哉さん）は2022年から実施しているパネル調査の
データをもとに、2023年2月から10月までの期間の日本人のマスク着用率の推移
と、それに対する社会的規範の影響について分析した。社会的規範というのは、社会
の中で共有される行動の基準で、この研究では「命令的規範」と「記述的規範」の2
種類に分けた。命令的規範は法律などによって強制されるルールのことで、記述的規
範は多くの人が自然に従う慣習や行動パターンのことだ。規範とその遵守は、社会の
秩序を維持するために重要な役割を果たしている。
約1500人の回答を分析した結果、見えてきたのは次のようなことだ。
①マスク着用率は、政府による着用ルールや行動制限全体の緩和後も急減しなかった。
②「周囲が着用している」という記述的規範はマスク着用率を高める方向に作用して

いたが、同調圧力というほどは強くなかった。

意思の力と状況の力の両方を考える

この研究はいくつかのメディアでも紹介されたが、取材時には、こんな珍問答も発生した。

記者「マスクを外すかどうかが同調圧力でも命令に従っているのでもないとしたら、なぜなんでしょう」

三浦「自分がそうしたいからではないでしょうか」

状況が人の心や行動を変えるということをふまえてくれた質問ではあるけれど、状況の影響を考えすぎて、そもそも人というもののかなりの行動は、自分がしたいからしているということを忘れてしまったのだろう。

状況の影響力は、時と場合によっていろいろである。条件をそろえて行う実験や、災害のような圧倒的な状況の変化が起きたときには、状況の力の大きさが普段よりもくっきりと浮かび上がる。だが、日常生活の中では、私たちは状況の力だけに左右されて行動しているわけではない。

社会心理学の考え方を知って、状況の影響を考えてみようと思ってくれる人が増えたら嬉しいが、状況で人の心のすべてが決まると考えてしまうと、間違った理解になってしまう。自らの意思のせいか状況のせいかなどと白黒つけずに、混じり合ったあいまいな状態に耐えて、その中で何とか良い方向を見つけてもらえたらいいなと思う。もう少し大きなことを言うと、社会が良い状態へ向かっていくためには、個人の努力に任せるだけでなく、状況の力を活用したほうがいい場合もある。

人の心は自分の意思だけでは動いていないし、状況の影響だけでも動いていない。そういった前提をふまえたうえでなら、メディアや政府の伝え方や、社会システムの設計に、心理学の知見を活かせる部分もあるはずだ。人間の心の仕組みを解き明かす心理学から、もう一歩進めて、社会の在り方を考え、改善していく試みにも寄与できる学問になると、「行動経済学」と名乗りを変えずとも他の学問分野との共同研究はさらに進むだろう。

あいまいさに耐えるにはどうすればよいか

さて、最後に、あいまいさに耐えるにはどうすればいいのかを考えてみたいと思う。

これさえやれば大丈夫、といった簡単な答えは存在しないが、まずは、誰もがあいまいであることに耐えられない性質を持っていることを自覚することが、あいまいさに耐えるための第一歩なのではないかと思う。

ここまでで見てきたように、私たちの心にはさまざまな認知バイアスがあって、「真実」と「社会的現実」は異なっている。バイアスがかかったまま物事を判断しているのだから、自分が望んだこととは異なる方向に進んでいってしまうことがあるのも必然だろう。

かといって、認知バイアスは人間に進化的に備わってきた機能であり、生き延びるために必要なものでもある。つまり、認知バイアスは「ゼロにする（できる／すべき）」

ものではないし、人間がどうにかできるものではないのである。

その事実を受け入れ、「ああ、人間ってそういうところあるよなあ」と自覚する。そのうえで、状況をよく観察し、そこからどういう影響を自分が受けているのかを感じ取る。

また、自分の中に、せっかちモードの自分とじっくりモードの自分がいることを意識する。2つの自分が協力し合って、日常の事態を切り抜けていくための作法を編み出すことができれば、自分の能力をもっと発揮できるかもしれない。

とはいえ、自分の心のあいまいさを自覚したからといって、いつでも抑制できるわけでもない。「自覚しないよりはましかな?」くらいだと思う。

だから、判断が間違っていたことに後から気づけるようにする、という二段構えでいるしかない。認知バイアスの悪い影響に気づいたら、その時点で何とかするよう試みるしかない。

渦中にいるときは難しくても、後から見直して「これはせっかちモードの仕業だな。でも急ぐ判断だったたし、でかしたぞ」とか、「ここの部分はじっくりモードの判断だな。なかなかいい仕事をするじゃないか」と、部下の仕事をチェックして褒めてあげる優しい上司のような気持ちで、自分の行動を分析してみると、せっかちモードとじっくりモードのチームワークは、だんだんよくなっていくかもしれない。

賛成しないけれど受け入れる

「耐える」という日本語には、つらい状態を我慢するというイメージがどうしても伴ってしまう。だけど、本当にあいまいさに耐えられるようになったとき、そのことをつらいとか我慢しているとか、そんなふうには感じなくなると思う。

この本で書いてきた「あいまいさに耐える力」の「耐える」を英語で表現すると、「endurance」というよりは、「tolerance」だろう。どちらも我慢や忍耐の意味があるが、toleranceには、他人の意見や行為に対する寛容や、容認、独断的ではない物の見方といった意味も含まれているところが異なっている。

先日、大学院ゼミのジャーナルクラブ（近年の心理学のトップジャーナルに掲載された論文から面白そうなものを報告して議論する会）で、このtoleranceとrespect（尊重）の関連を分析した研究が紹介された。

他者に対するrespectと他者への寛容性は一貫して正の関係にあるという結果が示されていて、そのこと自体も興味深いが、私が特に面白いと感じたのは、その論文中でtoleranceを次のように定義していたことだ。

「the attitude that one accepts the different ways of life practiced by outgroups despite one's disapproval of them」

（自分とは異なる人々の異なる生き方を、賛成するわけではないが、受け入れる態度）

「賛成するわけではないが受け入れる態度」という姿勢は、まさにあいまいさの渦中に身を置き続けることだ。他者というあいまいな存在を受け入れるには、その他者を尊重し、自分とは違うことや同じかどうか分からないことを受け止める必要があるのだろう。

ここに、あいまいさに耐える、いや、寛容になるためのヒントがあるように思う。

他人に対しても、心という、一筋縄では理解できないあいまいなものに対しても、respectの気持ちを持つことができれば、関わり方は変わってくる。

もし、あなたが、心をうまくコントロールして収入アップにつなげようなんて考えたとしたら、心はただの道具でしかない。心に対するrespectはない。

だけど、もし、人間の中になぜか備わっているらしい複雑な心というものの存在をrespectできたとしたら、あいまいで不確実なさまざまな性質を面白いと感じられるようになるのではないだろうか。

respectしている対象に対しては、さっさと白か黒か決めつけたいという気持ちも起きないはずだ。そうなったとしたら、もう、あいまいさに「我慢して耐える」必要はなくなる。あいまいさへの耐性が向上した心で世界を見回せば、きっと、今よりもっと面白いことが見えてくるはずである。

おわりに

社会心理学について一般書を書くこと、つまり、「大学で学ぼうとか、大学院で研究しようとかいったような強い関心はないけれど、どんなものかをほんのり知ってみたい」という方に向けて、社会心理学的なまなざしとは何かとその魅力を語ることには、まだキャリアが浅い頃から関心はありました。一般書を書くのも研究者の重要な仕事の1つだ、と思っていたというよりは、自分が面白いと思ってやっていることを誰かに分かってもらいたいという思い、いわゆる「承認欲求」を実現したかったのかもしれないし、学術書では決して叶わぬ夢である「印税で一儲けできるかも」というゲスな根性もあったような気がします。

しかし、これまで一度もその機会はありませんでした。それには2つの理由があります。1つは、兄のような存在の研究者に「一般書を出すなんて現役の研究者のする仕事とちゃうぞ。出したければリタイアして暇になってから出せばええんや」と言われたこと、もう1つは、自分は論理をぐいぐい詰めていく文章を書くのはまあまあ得意である一方、どんどん読み進めたくなる軽やかな文章を書くのはどうにも苦手だというのを徐々に自覚したことです。なるべく正確に、なるべく端的に、と思うからこそではあるんですが、読みにくい（らしい）。

今回、本書を世に出すことができたのは、小説家でありサイエンスライターでもある寒竹泉美さんのご協力を得られたことで、こうした2つの理由をいずれも乗り越えられたからです。つまり、本書の文章を書いたのは、このおわりにを唯一の例外として、私ではなく、寒竹さんです。だからこそ、まだ現役のうちに素敵な文章の本書を出すことができた、というわけです。

この表現、なんとなくネガティブなニュアンスがあって好きではありませんが、いわゆる「ゴーストライター」さんがどんなふうに本を作っていかれるのか、とても興味がありました。対面やZoomで何度かお話ししたり、これまでに出版した論文、講演や講義の資料などをお渡しして、ちょいちょいいただくご質問に答えたり、というところまでは予想していたのですが、寒竹さんはなんと、私のツイッター（現X）の投稿をさかのぼれる限りさかのぼってすべて読み、私が23万余件にわたり書き散らかしてきたネタを拾うばかりか、私っぽい物の見方、考え方まですっかり身につけて、「軽やかな文章を書く三浦麻子」と化してくださったのです。

つまり、本書は、お堅いものから柔らかいものまでありとあらゆる私の発信を寒竹さんが機械……ではなく人力学習して生成してくれたものだというわけです。不思議なことに、生成AIならぬ生成KI（Kanchiku Izumi）による文章は、私が書くよりも私らしさが際立っています。2007年4月以来、毎日のように（正確に言うと、1日だけ投稿しなかった日があります）ふと頭に思い浮かんだことを投稿し続けてきたことが、まさかこんな形で役に立つとは、と心の底から驚きました。

社会心理学的なまなざしとは何かとその魅力を語ることが目的の本書において、「あいまいさに耐えられる」をキーワードにしたのは、作家・帚木蓬生氏の『ネガティブ・ケイパビリティ　答えの出ない事態に耐える力』（朝日選書）に刺激を受けたことによるものです。特に第8章で触れた再現性問題に取り組むようになり、科学においてただ1つの「正解」を見つけ出そうとするせっかちさがかえって真実を見えにくくさせること、そして、その縛りから自分を解き放ってあいまいさを受け入れると研究に取り組むスタンスそのものが変わること、この2つを強く感じていた頃にこの本に出会い、まさにこれだ、と思いました。あまりに感激したので、勤務先の国語の入試問題に使ったくらいです。受験生に「答えの出ない事態に耐えよ」という文章を読ませるのも面白いなと思って……すみません（笑）。そして、社会心理学的なまなざしこそが、この力を身につけるのに役立つのではないか、という思いが本書を生むきっかけとなりました。

本書は、私個人のエピソードがふんだんにちりばめられているがゆえに、寒竹さんと日経BPの編集者の方々以外にも多くの方にお世話になりました。実名で登場するかどうかによらず、多くの共同研究者に恵まれたからこそ、あるいは、直接共同はせずともSNSや職場などで関わりを持ってくださる方とのやりとりにインスパイアされて行った研究もたくさんあるからこそ、単に分かりやすいだけではなく、自らつかんだエビデンスを基にして本書を構成することができました。

また、個人としての私との関わりが深い人々、特に夫と両親、そして親友にも感謝します。夫は、きわめて刺激希求性が高い、つまり、常に新しい体験や興奮を求めがちな私を実にうまく扱う最高のパートナーです。私がそう「育てた」のかもしれませんが、例えば「来夏はアイスランド西北部の断崖絶壁でパフィン（かわいい鳥）に会いたい」とリクエストすればすぐにプランを立ててくれ、私は予約サイトで泊まりたいアパートを選ぶだけでツアーができあがります。何でもデータを取って確かめないと気が済まない人間に育ったのは、小学生時代の夏休みの自由研究で、そうしないと分からないようなテーマを投げかけてきた両親のおかげ（せい）でしょう。また、大学院以来の親友の芝崎朱美さんは、日経ＢＰの編集者の方との初顔合わせの場に同席して、企画誕生の瞬間に立ち会ってくれました。ただ、芝崎さんは２０２４年４月に早世したため、完成した本書を手に取ってもらうことが叶いませんでした。心から残念です。前出の「兄のような存在の研究者」とともに、ありのままの私を受け止めて建設的な意見をくれる人でした。

社会心理学は、というより人文社会科学（いわゆる「文系」）に属する学問はたいていそうではないかと思いますが、平時にはあまり出番がありません。平時とは「状況に特に変化がない日々」のことですから、そもそも状況に注目する必要性がほとんどないのです。そんな時に「状況をよく見ろ」と言われても「うるさいやっちゃな」と思うのは仕方がないことかもしれません。変わらないと思い込んでいた状況に大きな変化があり、流動的になって初めて、「なんだこれは！」となり、それに右往左往させられている自分や他人、そして社会に目が向くことになります。

コロナ禍においては、第7章でご紹介した「感染は自業自得」をはじめ、社会心理学研究が大いに注目され、私も随分たくさん取材を受けました。しかし、おさまってくるとさっぱりで、「困ったときだけ出てきてください」感が満載です。また、私はおそらく「熱狂的」の部類に入る阪神タイガースファンですが、阪神が優勝したり優勝しそうになったりすると、「阪神ファンの心理を解説して下さい」という取材があります。これもまた、弱いはずの阪神が優勝する（かもしれない）という状況に人々が違和感を持つからでしょう。

しかし、そうなってから慌てて知ろうと思っても、普段から状況に目を向ける訓練ができていなければ、きっとうまくいきません。せめて本書をお読みくださった皆さんには、ご自身の状況に対するまなざしの解像度を、平時でも少しは上げてみていただければと思います。無用の用、つまり、一見役に立たないと思われるものが、実は大きな役割を果たしていることもあるのです。

三浦　麻子

参考文献

本書に登場する順で掲載

序章

Kahneman, D. (2011). Thinking, Fast and Slow. Farrar, Straus and Giroux.

カーネマン, D. 村井 章子(訳)(2012). ファスト&スロー　あなたの意思はどのように決まるか?　早川書房

西村 佐彩子(2007). 曖昧さへの態度の多次元構造の検討――曖昧性耐性との比較を通して――パーソナリティ研究, 15(2), 183–194.
https://doi.org/10.2132/personality.15.183 (全文閲覧可能)

第1章

Milgram, S. (1974). Obedience to Authority: An Experimental View. Harper & Row.

ミルグラム, S. 山形 浩生(訳)(2014). 服従の心理　河出書房新社.

Jones, E. E., & Harris, V. A. (1967). The attribution of attitudes. Journal of Experimental Social Psychology, 3(1), 1–24.
https://doi.org/10.1016/0022-1031(67)90034-0 (要約閲覧可能)

小林 哲郎・三浦 麻子(2022).「夫婦別姓に関する世論調査」問題の実証的検討.
https://bit.ly/bessei_tkam

第2章

Yamagata, M., & Miura, A. (2023). Retrospective bias during the COVID-19 pandemic. The Japanese Journal of Experimental Social Psychology, 62(2), 234–239.
https://doi.org/10.2130/jjesp.si5-2 (全文閲覧可能)

Suzuki, A. (2018). Persistent reliance on facial appearance among older adults when judging someone's trustworthiness. The Journals of Gerontology: Series B, 73(4), 573–583.
https://doi.org/10.1093/geronb/gbw034 (全文閲覧可能)

第3章

秋保 亮太・縄田 健悟・中里 陽子・菊地 梓・長池 和代・山口 裕幸(2016). メンタルモデルを共有しているチームは対話せずとも成果を挙げる――共有メンタルモデルとチーム・ダイアログがチームパフォーマンスへ及ぼす影響――　実験社会心理学研究, 55(2), 101–109.
https://doi.org/10.2130/jjesp.1503 (全文閲覧可能)

村山 綾・三浦 麻子 (2012). 集団内の関係葛藤と課題葛藤――誤認知の問題と対処行動に関する検討――社会心理学研究, 28(1), 51–59.
https://doi.org/10.14966/jssp.KJ00008195843 (全文閲覧可能)

Vives, M. L., & FeldmanHall, O. (2018). Tolerance to ambiguous uncertainty predicts prosocial behavior. Nature Communications, 9, 2156.
https://doi.org/10.1038/s41467-018-04631-9 (全文閲覧可能)

第4章

三浦 麻子・小森 政嗣・松村 真宏・前田 和甫(2015). 東日本大震災時のネガティブ感情反応表出――大規模データによる検討――　心理学研究, 86(2), 102–111.
https://doi.org/10.4992/jjpsy.86.13076(全文閲覧可能)

三浦 麻子 (2012). 東日本大震災とオンラインコミュニケーションの社会心理学:そのときツイッターでは何が起こったか　電子情報通信学会誌, 95(3), 219-223.
https://kwansei.repo.nii.ac.jp/record/14393/files/110009419498.pdf (全文PDFダウンロード可能)

三浦 麻子・楠見 孝・小倉 加奈代(2016). 福島第一原発事故による放射線災害地域の食品に対する態度を規定する要因――4波パネル調査による検討――社会心理学研究, 32(1), 10–21.
https://doi.org/10.14966/jssp.0928 (全文閲覧可能)

村山 綾・三浦 麻子(2015). 非専門家の法的判断に影響を及ぼす要因——道徳基盤・嫌悪感情・エラー管理に基づく検討—— 認知科学, 22(3), 426–436.
https://doi.org/10.11225/jcss.22.426 (全文閲覧可能)
竹内 一郎(2005). 人は見た目が9割 新潮社
Mehrabian, A. (n.d.). Silent Messages -- A Wealth of Information About Nonverbal Communication (Body Language). Retrieved November 22, 2024
https://www.kaaj.com/psych/smorder.html
Dutton, D. G., & Aron, A. P. (1974). Some evidence for heightened sexual attraction under conditions of high anxiety. Journal of Personality and Social Psychology, 30(4), 510–517.
https://doi.org/10.1037/h0037031 (要約閲覧可能)
Walster, E., Aronson, V., Abrahams, D., & Rottman, L. (1966). Importance of physical attractiveness in dating behavior. Journal of Personality and Social Psychology, 4(5), 508-516.
https://doi.org/10.1037/h0021188 (要約閲覧可能)

第5章
Iizuka, R., Toriumi, F., Nishiguchi, M., Takano, M., & Yoshida, M. (2022). Impact of correcting misinformation on social disruption. PLOS ONE, 17(4), e0265734.
https://doi.org/10.1371/journal.pone.0265734 (全文閲覧可能)
三浦 麻子・小林 哲郎(2015). オンライン調査モニタのSatisficeに関する実験的研究 社会心理学研究, 31(1), 1–12.
https://doi.org/10.14966/jssp.31.1_1 (全文閲覧可能)

第6章
Vohs, K. D., Redden, J. P., & Rahinel, R. (2013). Generosity, and conventionality, whereas disorder produces creativity. Psychological Science, 24(9), 1860–1867.
https://doi.org/10.1177/0956797613480186
Tegano, D. W. (1990). Relationship of Tolerance of Ambiguity and Playfulness to Creativity. Psychological Reports, 66(3), 1047–1056.
https://doi.org/10.2466/PR0.66.3.1047-1056 (要約閲覧可能)
Zenasni, F., Besançon, M., & Lubart, T. (2008). Creativity and Tolerance of Ambiguity: An Empirical Study. The Journal of Creative Behavior, 42(1), 61–73.
https://doi.org/10.1002/j.2162-6057.2008.tb01080.x (全文閲覧可能)
三浦 麻子・飛田 操(2002). 集団が創造的であるためには——集団創造性に対する成員のアイディアの多様性と類似性の影響——実験社会心理学研究, 41(2), 124–136.
https://doi.org/10.2130/jjesp.41.124 (全文閲覧可能)
Asch, S. E. (1955). Opinions and social pressure. Scientific American, 193(5), 31–35.
https://www.jstor.org/stable/24943779 (要約閲覧可能)
Brucks, M. S., & Levav, J. (2022). Virtual communication curbs creative idea generation. Nature, 605, 108–112.
https://doi.org/10.1038/s41586-022-04643-y (全文閲覧可能)
Lin, Y., Frey, C. B., & Wu, L. (2023). Remote collaboration fuses fewer breakthrough ideas. Nature, 623, 987–991.
https://doi.org/10.1038/s41586-023-06767-1 (全文閲覧可能)
中村 早希・三浦 麻子(2014). 飲食行動が話し合いにおけるコミュニケーション行動・主観的評価に及ぼす影響——菓子を食べると話し合いはうまくいくのか?——人文論究, 64(2), 59–77.
https://kwansei.repo.nii.ac.jp/records/16308 (全文閲覧可能)

第7章
Cohn, L. D. (1991). Sex differences in the course of personality development: A meta-analysis. Psychological Bulletin, 109(2), 252-266.
https://doi.org/10.1037/0033-2909.109.2.252 (要約閲覧可能)
Gulland, A. (2022). Men dominate conference Q&A sessions — including online ones. Nature, 612, S90–S91.
https://doi.org/10.1038/d41586-022-04241-y (全文閲覧可能)
Murakami, M., Hiraishi, K., Yamagata, M., Nakanishi, D., Ortolani, A., Mifune, N., Li, Y., & Miura, A. (2023). Differences in and associations between belief in just deserts and human rights restrictions over a 3-year period in 5 countries during the COVID-19 pandemic. PeerJ, 11, e16147.
https://doi.org/10.7717/peerj.16147 (全文閲覧可能)
三浦 麻子(2023). 新型コロナウイルス感染禍に関わる社会心理学研究(ウェブ調査)情報まとめ
https://bit.ly/covid19spsurvey

第8章
三浦 麻子・小森 政嗣(2021). 位置情報ゲームのPOI(Point of Interest)密度と地域居住者の社会心理諸指標の関連　選挙研究, 37(2), 13–21.
https://doi.org/10.14854/jaes.37.2_13 (全文閲覧可能)
三浦 麻子・稲増 一憲・中村 早希・福沢 愛(2017). 地方選挙における有権者の政治行動に関連する近接性の効果——空間統計を活用した兵庫県赤穂市長選挙の事例研究——社会心理学研究, 32(3), 174–186.
https://doi.org/10.14966/jssp.0955 (全文閲覧可能)

終章
Miura, A., Murayama, A., & Kitamura, H. (2024). Behind the Mask: Analyzing the Dual Influence of Social Norms on Pandemic Behavior in Japan. Japanese Psychological Research.
https://doi.org/10.1111/jpr.12520 (全文閲覧可能)
Zitzmann, S., Loreth, L., Reininger, K. M., & Simon, B. (2022). Does Respect Foster Tolerance? (Re)analyzing and Synthesizing Data From a Large Research Project Using Meta-Analytic Techniques. Personality and Social Psychology Bulletin, 48(6), 823–843.
https://doi.org/10.1177/01461672211024422 (要約閲覧可能)

三浦麻子（みうら・あさこ）

大阪大学大学院人間科学研究科 教授
社会心理学者

主たる研究関心は「コミュニケーションが新しい『何か』を生み出すメカニズムを解明すること」。研究活動を自身の研究関心の実践と位置づけ、実験室実験、社会調査、計量テキスト分析など、多様なアプローチでこの課題に挑む。阪神タイガース、競馬、クラシック音楽、ハワイ、データを愛する。

「答えを急がない」ほうがうまくいく
あいまいな世界でよりよい判断をするための社会心理学

2025年2月17日　第1版第1刷発行

著者	三浦麻子
発行者	中川ヒロミ
発行	株式会社日経BP
発売	株式会社日経BPマーケティング 〒105-8308 東京都港区虎ノ門4-3-12 https://bookplus.nikkei.com/
カバーデザイン	井上新八
本文デザイン・組版	小林祐司
編集協力	寒竹泉美
校正	ディクション
印刷・製本	中央精版印刷株式会社

本書籍に関するお問い合わせ、ご連絡は下記にて承ります。
https://nkbp.jp/booksQA

ISBN978-4-296-00231-3　Printed in Japan